박원순을 기억하다

벗들의 기억으로 그려낸
인간 박원순 이야기

박원순을 기억하다

윤석인 외 20인 지음

비타베아타

책을 펴내며

아낌없이 내어주던 아름다운 사람이 허망하게 생을 마감했다. '모두에게 죄송하다'는 한 마디만 남긴 채. 일체개공一切皆空, 공수래공수거空手來空手去가 이런 것인가.

박원순. 이름 그대로 '으뜸 순박남'이던 그를 잊지 않고 오래 기억하고자 하는 몇몇 분들이 모여 작은 책을 펴낸다.

어린 시절 책보를 어깨와 허리에 둘러매고 아침저녁으로 두 시간씩 학교를 걸어 다닌 덕에 튼튼한 다리를 갖게 되었다고 가끔 자랑처럼 말하던 그의 유소년 시절부터 독서반과 웅변반 활동을 열심히 하면서 장차 판·검사가 되겠다는 꿈을 키우던 경기고 학창 시절, 재수 끝에 합격했으나 3개월 만에 허망하게 무너져 내린 서울대 사회계열 제적생이 4개월 징역을 살고 나온 뒤 다시 일어서서 법원사무관 시험에 합격하고 정선등기소장으로 일하면서 다시 공부해 사법시험에 합격한 뒤 인권변호사로서 사재까지 털어 역사문제연구소를 설립한 혈기왕성 청년 시절, 그리고 영국 런던정경대학 유학과 미국 하버드대학 초빙연구원 생활을 마친 뒤 귀국해 참여연대, 아름다운재단, 아름다운가게, 희망제작소 등을 잇따라 설립하며 사회혁신 활동을 전개한 시민사회의 '영원한 상임이사' 시절, 2011년 보궐선거 이후 3선을 하며 10년간 서울시정 혁신을 외치며 앞장서서 이끌어간 서울시장 시절까지.

박원순의 65년 인생 역정을 시계열에 따라 8개 장면으로 나누어 친구 또는 선·후배 동료들이 기억나는 대로 짧게 기술했다. 그를 기억하는 원로 선배들의 글도 두어 편, 영국의 제프 멀건 등 그와 가깝게 교류했던 외국인 시민활동가들의 글도 몇 편 포함했다.

이 책은 박원순에 대한 여러 사람의 기억을 그냥 모아놓은 책이다. 그에 대한 기억을 최대한 끌어모은 뒤 나름의 원칙과 체계를 잡아 일관성 있게 정리한 역사적 기록이 아니다. 평전은 더더욱 아니다. 8개의 장면마다 그를 기억하며 글을 쓰고자 하는 사람들이 훨씬 많을 테지만, 처음 모인 몇몇 기획자들이 장면 장면마다 그와 좀 더 가깝게 지냈다고 생각되는 2~3명을 필자 후보로 내정하고 본인이 동의하면 글을 써달라고 요청해 만든 책이다. 그를 기억하는 기회를 박탈당한 분들의 비난은 오롯이 애초 기획자들이 지기로 했다. 편집기획의 관점에서 보면 가장 초보적인 수준의 나이브한 기획이었다. 굳이 원칙이 있었다면, 그의 불행한 죽음과 관련한 얘기는 거론하지 않는다는 것 정도.

그럼에도 책을 펴내는 데 제법 많은 시간이 걸렸다. 진통도 있었다. 애초 기획은 2020년 가을에 이루어졌고, 그해 말 원고를 마감해 이듬해 초 책을 내기로 했다. 그런데 기획자들 일부가 서울시장 보궐선거 등을 이유로 출판 시기를 조정하자는 의견을 내는 바람에 미뤄지다가, 그 뒤 출판 자체를 포기하는 듯한 결정도 있었다. 그러다가 다행히 올해 초 출판사가 다시 출판 의지를 밝히면서 뒤늦게나마 이렇게 세상의 빛을 보게 되었다.

애초 일정대로 글을 써주신 뒤 1년 넘게 출판 여부조차 묻지 않고 마냥 기다려주신 분들, 뒤늦게나마 힘든 마음 추스르며 그를 기억해주신 분들, 그리고 특히 다시 출판 의지를 밝혀주신 메디치미디어 출판사의 김현종 대표와 편집진에게 깊은 감사의 말씀을 드린다.

올해 4월에 소천하신 한승헌 변호사는 2020년 가을 이렇게 말씀하셨다. "박원순을 기억하고 싶은 말이 너무 많지만, 이제 내 몸조차 가누기 힘들어 원고를 쓸 수 없습니다. 부디 부탁하는데, 짤막한 원고라도 최대한 많은 분들이 그를 기억할 수 있도록 해 주세요."

오늘 게으른 자들의 단순 기획으로 소수 지인의 작은 기억을 담아 책을 펴내면서, 앞으로 더 많은 친우와 선·후배 여러분의 기억과 평가가 모여 더 가치 있는 책들이 한 권, 또 한 권 계속 출판되길 기대해본다.

2022년 6월

첫 기획회의 참석자 윤석인 희망제작소 부이사장

차례

4장 아름다운 나눔 운동 — 아름다운재단, 아름다운가게 시절

5장 소셜 디자이너를 꿈꾼 시민운동가 — 희망제작소 시절

6장 실천과 약속의 정치인 — 서울시장 시절

1장

큰 꿈을 키운 열혈 청년 - 학창시절

가장 멋있는 나의 영원한 벗

진영출(前 창녕군 대지면장)

자연을 벗 삼아 꿈을 키우던 시절

박원순은 나의 영원한 친구, 죽마고우다. 거의 한평생을 함께했던 참으로 소중했던 친구였다. 국민학교부터 중학교까지 10여 년을 한 반에서 같이 공부하고 꿈을 나누었으며 사회생활하면서도 보다 나은 사회, 잘사는 세상을 위해 같이 꿈을 꾸었던 영원한 벗이었다.

우리들의 국민학교 시절은 6년 동안 79명이 한 반이었고 3학년까지는 마룻바닥에서 어렵게 공부했다. 중학교 시절 3년도 시골에서 왕복 16km를 함께 통학하며 공부했다. 우리 고향 창녕 장마면 장가지역은 70년대 중반까지 버스가 다니지 않았으며 1973년이 되어서야 전기가 들어올 정도로 그야말로 '깡촌'이었다. 우리는 중학교를 마칠 때까지 호롱불 밑에서 공부한 '촌놈'이었다.

영산중학교 1학년 때 인근 영산면 구계리 골짜기로 봄 소풍을 갔다. 소풍을 마치고 돌아오는 길에 모교인 장가국민학교와 영산중학교 교가에 나오는 영축산(682m, 일명 영취산)에 한 번 올라 보자는 원순이의 제안에 친구 7명이 함께 그 험준한 영축봉에 올라갔다. 우뚝 솟은 영축봉에 올라 유유히 흐르는 낙동강과 영산 큰 들녘을 굽어보며 가슴을 활짝 펴고 미래의 꿈을 나누었다.

산비탈 자갈길을 미끄럼을 타고 내려왔더니 소풍 간다고 새로 사 신은 운동화가 밑창이 다 떨어져서 속상했던 기억이 있다. 집에서 중학교까지 8km, 소풍 목적지까지 6km이니 도합 왕복 28km였다. 그것만 해도 벅찬데 그날 산행까지 제안할 정도였으니 원순이의 도전정신은 중학교 시절부터 남달랐던 셈이다.

중학교 시절 우리 지역에는 버스가 다니지 않아 1학년 때는 논두렁길과 농로, 마을길, 신작로로 이어지는 왕복 16km의 거리를 같이 걸어 다니며 통학했다. 새벽밥 먹고 아침 일찍 학교에 갔다가 오후에 집에 오면 소 먹이러 가거나 소꼴을 베는 등 부모님 농사일을 거들어야 했다. 밤에만 호롱불 밑에서 공부하다 보니 공부할 시간이 부족했다. 선배들이 하는 방식을 따라 등하교 길에 노트나 영어 단어장을 들고 다니면서 공부했던 기억이 생생하다.

2, 3학년 때는 모두들 자전거를 타고 계성천을 둘러서 가는 왕복 20km의 신작로로 학교에 다녔다. 비포장 자갈길로 자전거

중학교 1학년 봄 소풍을 마치고 집으로 돌아오는 길,
계성에서 1회용 카메라를 사서 원순이가
"앞으로 우리 소금 같은 사람이 되자."
라고 하면서 소금가게 앞에서 사진을 한 장 찍었다.

를 타고 다니면서도 한 손으로 핸들을 잡고 한 손에 영어 단어장을 들고 영어 단어를 외웠다. 그 당시 운동화는 질이 좋지 않아 잘 떨어지고 발도 시렸다. 장갑이나 귀마개도 시원치 않아서 손과 귀가 얼마나 시린지 자전거 타고 학교 다니는 게 참 힘들었다. 그 당시는 너무 고생스러웠지만 지금 생각하면 그때 튼튼하게 단련된 몸 덕분에 힘든 세월을 잘 견뎌낼 수 있었던 것 같다.

중학교 가는 길인 계성천은 늘 맑은 물이 흐르고 하얀 모래 들판에는 고구마, 땅콩, 무 등이 여물게 잘 자랐다. 여름철엔 하굣길에 목욕도 하고 모래찜질도 하면서 많은 추억이 쌓였다. 원순이가 환경을 먼저 생각하고 자연을 아끼는 마음을 평생 갖게 된 것도 그때의 추억 덕분이 아닐까 한다.

중학교 2학년 때 실시한 IQ검사에서 원순의 IQ는 상위권은 아니었던 것으로 기억된다. 원순이는 공부를 잘하긴 했어도 천재라기보다는 모든 일에 무척 노력하는 친구였다. 중학교 2학년 때 영어책 등 교과서 외우기 경쟁이 있었다. 책을 백 번 이백 번 넘기면서 읽고 쓰다 보면 새 교과서가 너덜너덜해졌는데 원순이가 제일 많이 공부한 걸로 모두 인정할 정도였다. 중간고사나 기말고사를 치르고 나서 검토할 때 25문제 중 한 개 이상 틀리면 아쉬움에 울던 친구였다. 그렇게 열심히 공부하고 집념이 강한 친구라 무엇이든지 도전하고 열정적으로 모든 일을 소화했다. 또한 남을 배려하고 존중하는 사람이었다.

희망제작소 상임이사 시절에 원순이가 창녕군청 오후 2시 아카데미 강연을 하러 왔던 적이 있었다. 오랜만에 내려오는 고향 친구라 일정이 궁금하여 전화했더니 오전에 경남도지사와 미팅 후 점심은 창녕 이방면에서 지인과 같이한다 해서 나도 함께 하기로 약속했다. 12시 20분 고속도로 창녕 톨케이트에서 만나기로 했는데, 원순이는 12시 50분에 도착했다.

하루 일정표를 보니 조찬 모임부터 밤11시까지 일정이 분 단위로 빽빽하게 메모되어 있었다. 이방면 글방에 예약한 점심은 주인 할머니께서 준비해서 차려준 시골 밥상이라 정말 맛있는 산해진미였다. 하지만 원순이는 일정에 쫓겨 식사를 제대로 하지도 못하고 서둘러 나와서 오후 1시 57분에 창녕군청에 겨우 도착하여 강의를 할 수 있었다.

시민운동할 때도 그렇게 바쁜 일정을 소화하며 살았는데 그 후 서울시장 시절에는 천만 시민을 위한 시정을 돌보느라 분초를 다투며 살고 있으리라는 것은 안 봐도 뻔했다. 우리는 조금이라도 시간을 뺐을까봐 먼저 전화하지 않고 지냈는데 원순이는 꼭 먼저 안부 전화를 종종 하였다. 나를 비롯한 고향 선후배한테 먼저 전화하여 안부를 묻고 온갖 대화를 나누면서 고향 발전을 위해 애쓰던 참으로 자상한 사람이었다.

창녕군청에서 강의 후, 저녁 늦게 모교인
장가국민학교(1994년 폐교. 현 전국여전도회관) 교정에
들러 300여 년 된 느티나무 아래서
사진 한 장을 겨우 남겼다.

진영출 벗에게

고향을 지키고
추억을 지켜주는
벗에게
늘 고맙습니다
2013. 3. 2[illegible]
서울특별시장
박원순 드림

"고향을 지키고 추억을 지켜주는 벗에게 늘 고맙습니다."

2013년 서울특별시장 시절 박원순의 백두대간 종주기

《희망을 걸다》 책과 함께 필자에게 보낸 글이다.

언젠가 모임에서 "박원순은 어떤 사람인가?"라는 질문을 받았을 때, "기억력이 좋아 뭐든지 잘 외우고 기억하는 머리 좋은 사람, 난관을 슬기롭게 잘 헤쳐 나가는 똑똑한 사람, 인간관계를 아름답게 잘 이끌어가는 멋있는 사람으로서 이 세 가지를 모두 갖춘 사람이다."라고 칭찬한 적이 있다. 나는 그중에 제일 멋있는 사람으로 친구를 기억하고 싶다.

원순이는 글쓰기와 책읽기를 좋아하고 평소 외우고 메모하는 습관이 몸에 배어 열심히 글을 쓰는 습관이 있었다. "총명이 불여둔필"이라 했던가. 나는 글씨가 예쁘지 않아서 평소 필기를 잘 하지 않아 애로사항이 많았는데 사회생활을 하면서 원순이를 보고 습관을 바꾸어 열심히 메모하고 늘 책을 가까이 하고 있다. 또한 평생 배우고 살아야 한다는 원순이의 지론에 따라서 사회 변화에 뒤처지지 않기 위해 노력하고 있다 .

벗이 꿈꾸던 세상을 위하여

박원순은 부친 박길보와 모친 노을석의 7남매 중 여섯째로 1955년 을미생이며 호적상 나이는 1956년생이다. 나는 1954년 갑오생이어서 나이 이야기가 나올 때면 농담 삼아 나는 태어날 때 튼튼하여 그대로 호적에 올렸는데, 너는 좀 약해서 늦게 호적에 올린 탓이라고 놀리기도 했다. 박원순은 형과 누나를 따라 7살 때 초등학교에 입학하여 한두 살 많은 동급생들과 같이 공부했다.

부모님의 천성을 많이 닮은 박원순은 순박하고 어질고 부지런한 성격에 남을 잘 도와주는 사람으로 자랐다. 그래서 함께 잘 사는 사회를 늘 꿈꾸며 살았는지도 모른다. 그때 그 시절 농촌은 모두들 입에 겨우 풀칠할 정도의 살림살이였지만 아끼고 서로 나눠 먹고 남을 도와주는 걸 미덕으로 알고 지냈다.

1978년 장마면사무소에 근무하던 그 시절, 나는 담당 마을로 장가 1구, 2구 마을 출장을 많이 다녔다. 박원순의 부모님은 늘 인자하신 모습이었다. '법 없이도 살 사람'이라고 모두들 칭송했던 분들이다. 특히 원순이 모친은 매일같이 "우리 순이 우리 순이" 하시면서 늘 아들의 장래를 염려하고 아끼시던 모습이 아직도 눈에 선하다.

내가 장마면사무소에 다니고 박원순이 장마 중대 본부에서 군 복무를 하던 시절, 그는 버스 안에서 "너는 나중에 무엇이 되고 싶냐?" 하고 내게 물었다. 그때는 20대 평직원 시절이라 아무 생각이 없었는데 "나중에 면장이라도 해야지."라고 얼버무렸다. 친구의 질문 한마디에 내가 너무 생각 없이 살고 있다는 것을 깨달았다. 원순이는 그때 "판검사 생각하고 있다."라고 말했다.

참여연대 시절 박원순의 생가가 허물어져 가서 지붕을 새로 보수한 적이 있었다. 원순이 모친이 살아계실 때 원순이하고 의형제로 정해서 지내던 동네 동생이 나서서 보수해준 것이다. 그 동네 동생이 원순이 집안일을 많이 돌봐주었는데, 지금은 생가를 보수할 자금이 없어서 손쓸 여유가 없다 보니 생가가 그냥 몸체만 앙상하게 남아 있다. 천만 시민의 시정을 책임졌던 서울시장의 생가가 너무 초라하다.

"씩씩한 영취산의 기상을 받아 어머니까지 보우하사 성지산 기슭에 따뜻한 보금자리 나의 장가교 내일의 큰 일꾼이 여기서 나니." 국민학교 교가처럼 그런 큰 일꾼이 고향에서 났는데, 승승장구 가도를 달리던 대망의 위인이 안타까운 일로 그렇게 갈 줄은 상상도 못했다. 너무 애달프고 절통하다.

내 영원한 벗에게 지금 할 수 있는 일은 친구가 간직했던 철학과 꿈꾸던 세상이 무엇인지를 밝히고 널리 알리는 데 일조하는 것이다. 아직은 마음 한구석 아쉬움으로 막막하지만 결코 좌절하지는 말자고 마음 다짐을 해본다.

누구도 하지 못했던 일을 한 사람

허구생(前 서강대 국제문화교육원장)

창녕 '촌놈' 서울로 유학 오다

내가 원순이를 처음 만난 것은 1971년 3월 초, 고등학교 입학 직후였다. 바싹 자른 머리에 빼빼 마른 그의 모습은 영락없이 '촌놈'의 그것이었고, 약간 어눌하고 느린 그의 경상도 사투리는 나 같은 경상도 출신의 '이중 언어사용자'에게도 낯설게 들릴 정도였다. (여기에서 이중 언어 사용자란 어릴 때 상경하여, 집에서는 부모님의 고향 말씨를 사용하고, 밖에서는 서울 말씨를 쓰는 사람들을 말한다.) 그도 그럴 것이 원순이는 경상도 창녕에서도 아주 '깡촌' 출신이었다. 고등학교 시절 방학 때 그의 집을 방문한 친구들이나, 1981년 원순이 아버님이 돌아가셨을 때 문상 갔던 친구들은 그의 시골집까지 힘들게 걸어가야 했던 경험을 자주 이야기하곤 했다.

그는 창녕에 있는 영산중학교를 나왔다. 8km 거리를 걸어 다녀야 했는데 중간에 있는 개천에 물이라도 불어나면 훨씬 더 먼 길로 돌아서 다녔다고 한다. 걷기 좋아하는 그의 습관은 아마도 그때 형성되었을 것이다. 그는 당시 시골의 많은 천재들이 그랬듯이 학비가 무료이고 취업이 보장되는 철도고등학교 진학을 생각했었다고 한다. 그러다가 형의 권유로 생각을 바꾸어 서울에 있는 경복고에 응시했다가 낙방했다.

원순이는 고입 재수생으로 서울 생활을 시작했다. 누님들이 계시는 영등포 근처에서 자취를 했다는데, 아마도 생활하기가 무척 어려웠을 것으로 짐작된다. 고등학교 때 지방에서 올라온 친구들의 자취집에 몇 번 가본 적이 있는데, 난방이며 취사시설이 제대로 되어 있지 않았고 온수가 나오지 않아 제대로 세수 한 번 하기 어려운 경우가 많았다. 원순이는 마지막 3개월 동안 밤낮없이 독서실에서 공부에 매달렸는데, 목욕이나 샤워는커녕 한 달 이상 양말 한 번 벗은 적도 없었다고 한다. 무좀이 생긴 것은 너무나 당연했다. 돈도 없었지만 '지금은 오직 공부에 몰두할 때'라는 생각이 더 강했기 때문이었다고 한다.

이런 그의 모습은 고등학교에 들어왔다고 해서 크게 달라지지 않았다. 그는 여전히 '빡빡'에 가까운 머리를 하고 다녔고 여전히 잘 씻지 않았다. 그러나 차츰 학년이 올라가면서 원순의 짧은 머리는 그리 눈에 띄지 않게 되었다. 서울대 법대 진학을 목표로 오직 공부에만 전념하겠다며 머리를 '빡빡' 깎아버린 이른바 '박사' 그룹이 생겨났기 때문이다.

1971년 11월 안개 낀 날,
고등학교 1학년 반 친구들과
하굣길에 경복궁 건춘문 앞에서
(왼쪽에서 두 번째가 필자)

1973년 가을, 고3 때 웅변반 친구들과 함께

그렇다고 원순이가 공부만 한 것은 아니었다. 그는 도서반, 웅변반 등 교내 특별활동에 열심히 참여했고, 교외에서는 룸비니(재자불가 신행 단체)와 흥사단 아카데미에서 활동했다. 도서반에서 봉사한 대가로 맘껏 책을 읽는 시간을 가졌고, 웅변반에서는 생각을 정리해서 다른 사람에게 효과적으로 전달하는 기술을 익혔다. 학생들이 학급의 일을 자치적으로 의논하고 토론하는 '홈룸homeroom' 시간에 그의 발언횟수가 빈번해지고, 때로는 정치나 사회 문제에 대한 친구들의 무관심 내지 안일한 의식을 질타하는 일도 있었다.

그뿐이 아니었다. 그는 문학에도 상당한 관심을 가지고 있었고 습작을 게을리하지 않았다. 고등학교 1학년이 끝나갈 무렵의 어느 날, 그는 쉬는 시간에 내게 유인물 하나를 내밀었다. 그가 직접 등사지를 철필로 긁어서 원고를 만들고, 그것을 잉크 묻힌 롤러로 밀어 인쇄를 한 다음, 수작업으로 제본까지 마친 자신의 문집이었다. 거기에는 〈산아, 산아, 영취산아〉로 시작하는 장편의 서사시가 있었는데, 내용은 정확하게 기억나지 않지만 두고 온 고향에 대한 사랑과 향수, 그곳에서 살고 있는 사람들에 대한 애정과 연민이 담겨 있었던 것 같다.

원순이는 여전히 자취생이었지만, 특유의 친화력으로 친구들을 많이 사귀었고 그러다 보니 마음이 맞는 몇몇 친구들 집에는 꽤 오래 기숙하기도 했다. J군의 집도 그런 경우였다. J군에 따르면 그는 누나들과 사이가 좋지 않았고 다투는 일이 많았다고 한다. 원순이와 같이 있을 때에도 여러 차례 다툼이 일어났는데, 한동안 지켜만 보던 원순이가 언젠가부터 양쪽의 의견을 들어주고 조정하는 역할을 시작했고, 덕분에 원순이가 그 집에 있는 동안은 가정의 평화가 유지되었다고 한다.

1972년 10월 17일, 우리가 고등학교 2학년 때 정부는 비상계엄령을 선포했다. 이른바 '10월 유신'의 시작이었다. 나를 포함한 7명의 친구들이 유신비판 내용을 담은 〈화동주보〉라는 지하신문을 만들어 교내에 뿌렸다. 교정은 어느새 중앙정보부 요원들과 종로경찰서 형사들로 가득 찼다. 강송식 선생님은 그들의 불법성을 따지다가 뺨을 맞았다. 강 선생님은 언제나 소탈하고 다정다감하신 분으로 원순이가 많이 따랐던 분이다. 당시 청운동의 한 서민아파트에 제자들을 불러놓고 베란다 창문을 활짝 열며 "서울이 다 내꺼야." 하시며 좋아하는 음악을 틀어 흥을 돋우곤 하셨던 분이었다.

우리는 결국 모두 체포되어 서대문 구치소에 수감되었는데, 공범분리 원칙에 따라 각 건물에 한 명씩 분리 수용됐다. 출정이라도 나가야 친구들 얼굴을 겨우 볼 수 있었다. 출정을 하게 되면, 우리는 일단 구치소 버스를 타고 서소문에 있는 검찰청 대기실로 가서 기다리다가 수경사로 끌려갔다.

어느 날 검찰청의 한 대기실에 들어섰더니 한복 수의 가슴

부분에 빨간 표지를 단 분이 앉아 계셨다. 바로 '서울대 내란 음모사건'으로 재판을 받고 있던 조영래 선배였다. 짧은 대화와 몇 차례의 눈빛만 오고갔지만 강렬한 인상이 남은 순간이었다. 고등학교 때 농촌활동을 했던 나는 이미 선배들을 통해서 그분의 이야기를 들은 바 있어서 그의 이름은 나에게 있어서 이미 전설이었다. 나는 출소 후 원순에게 이 일을 영웅담처럼 이야기했는데, 원순이가 후일 사법연수원에서 조영래 선배를 만나서 평생의 관계를 맺게 되리라고는 생각도 하지 못했다.

두 달여 만에 기소유예로 풀려나서 밖에 나와 보니 놀라운 소식이 있었다. 원순이가 구충서와 이준보 등 친구들을 규합해서 '구출위원회'를 만들어서 나름의 활동을 벌이고 있었던 것이다. 말 한마디만 잘못해도 잡아가는 세상에서, 갇혀 있는 우리를 위해서 누군가 감연히 나서서 그런 용기 있는 일을 벌일 줄은 꿈에서도 상상하지 못했다.

재수 끝에 서울대에 진학하다

1974년 서울대학교에 응시한 원순은 낙방하고 삼영학원에서 재수를 했다. 그가 삼영학원에 간 것은 한홍승 선생님이 그곳에 계셨기 때문이었다. 고등학교 때 한 선생님은 세계사를 담당하셨는데, 유독 프랑스 혁명과 나폴레옹 시대에 집중해서 수업을 하시면서 자유와 평등, 그리고 정의에 대한 근대적 개념을 역사적 맥락에서 가르쳐주셨다. 나폴레옹이 알프스를 넘는 대목에서는 백마를 타는 나폴레옹의 모습을 직접 재연해 보이셨는데, 그 때문에 선생님은 '보나파르트'라는 별명을 얻으셨다. 그런데 그분은 앞에서 언급한 '화동주보 사건' 때 주동자 4명이 선생님이 담임 맡으셨던 반에서 나왔다 하여 학교에서 쫓겨났고, 그때부터 삼영학원에 자리 잡고 계셨던 것이다.

삼영학원 시절의 일화가 하나 있다. 3학년 때부터 결핵성 늑막염을 앓고 있던 원순의 병이 쉽게 낫지 않았다. 그래서 서울에 사시던 누님이 병에 좋다는 개고기로 반찬을 싸주셨는데, 같이 점심 도시락을 까먹던 여학생들이 그걸 알고는 기겁을 하고 달아났다. 진병철 군에 따르면, 원순은 그게 왜 문제냐며 의연하게 자리를 지키고 식사를 마쳤다고 한다.

1975년 원순은 서울대 사회계열에 합격했다. 서울대가 관악산으로 이전한 첫해인데 학내문제로 3월 14일에야 입학식이 열렸다. 그리고 4월과 5월 긴급조치가 연달아 발표되고 학교는 휴교와 휴강을 거듭하는 등 정상화되지 못했다. 5월 초에 학교가 다시 문을 열자, 고향 집에서 쉬고 있던 원순도 올라왔는데, 이때 교정에서 고교 때 웅변반을 같이 했던 김항수 군과 마주쳤다. 둘은 반가운 나머지 포옹을 했는데, 그 모습에서 얼마나 생동감이 느껴졌던지 서울대 개강을 취재하러 왔던 기자가 다시 한 번 포즈를 취해줄 수 없냐고 요청을 해올 정도였다.

그리고 5월 22일, 문제의 '오둘둘 사건'이 터졌다. 점심시간 무렵 두세 명의 학생들이 꽹과리를 두드리며 교내 이곳저곳으로 학우들을 불러 모았고, 그들을 따라 수백 명이 교문 쪽으로 몰려갔다. 경찰이 학내로 들어와 무차별적으로 진압하기 시작했다. 보통은 경찰이 시위에 대한 정보를 미리 입수하고 있다가 주동자들만 체포하는 것이 관례였는데, 그날은 강의실이고 뭐고 가릴 것 없이 경찰이 난입하여 단순 가담자들까지 마구 체포했다는 것이 김항수 군의 기억이다.

그때 원순은 도서관에서 〈타임〉지를 읽고 있다가, 야만적인 진압에 격분한 나머지 시위에 합류했다. 시골집에 있다가 개강 소식을 듣고 허겁지겁 상경했던 그가, 더욱이 방과 후에 이화여대 학생과 미팅을 앞두고 있었던 그가 주동자일리 없건만, 원순은 4개월 동안이나 구치소 생활을 해야 했고 학교에서도 제적당했다. 참으로 야만의 시절이었지만, 지금 돌이켜 보면 그것이 그의 운명이었던 것 같다.

그 후 원순은 마음을 추스르기 위해서 친구들과 여행을 다니기도 하고, 오둘둘 사건 선배들과 독서회 활동도 했다. 방위로 군 복무도 마치고, 생계를 위해 신림동 신림극장 인근에 중고등학생들을 대상으로 하는 소규모 학원을 설립하여 운영하기도 했다. 그러다가 1978년 법원 사무관 시험에 합격했으며, 그해 말 정선등기소장으로 부임했다.

그는 낮에 일하고 밤에는 공부하는 생활을 이어갔는데, 몇몇 친구들에게 정선에 와서 같이 공부하기를 권했다. 그때 원순과 같이 공부했던 손재일, 김종균 군이 전하는 바에 따르면, 자신들은 정선의 풍경과 정취에 빠져서 저녁시간에 자주 술자리를 가졌지만, 원순은 휩쓸리지 않고 공부에 매달렸다고 한다. 다만, 〈정선아리랑〉의 악보와 가사를 구해서 노래를 부르는 등 그곳의 역사와 문화를 익히는 일은 잊지 않았다고 한다.

인권변호사에서 시민운동가로

1980년 6월, 원순은 사법시험을 통과했다. 평소 원순은 등기소장을 한 경력이 3차 시험의 고비를 넘기는 데 도움이 되었을 것이라고 자주 말했다. 그리고 1981년 사법연수원 시절 대구지검에서 검사시보를 할 때, 사법연수원 동기의 소개로 강난희 씨를 만나 결혼했다. 나는 그때 회사 일 때문에 내려가지 못했지만, 진병철, 임기철, 박태성 군 등 함진아비로 대구에 내려갔던 친구들에 따르면, 처음 본 강난희 씨 인상은 참하고 단아했으며, 특히 형제들이 몇 년 전에 돌아가신 아버님 영정 앞에 가서 "아버님,

우리 난희가 이제 시집을 갑니다."라고 인사를 드리는 게 무척 인상이 깊었다고 한다.

그해 12월 25일 열린 원순의 결혼식 주례는 당시 거의 모든 대학이 시위전력자의 입학을 거부하는 상황에서 원순을 흔쾌히 받아주셨던 단국대 총장님이자 우리 동기 장호성 군의 아버님인 장충식 박사께서 맡아주셨고, 사회는 내가 보았다.

약간의 경제적 여유가 생기면서 원순은 친구들에 대한 배려를 아끼지 않았다. 몸에 맞지 않던 검사직을 사임하고 변호사를 개업하면서는 특히 그러했다. 부부는 시도 때도 없이 찾아오는 친구들을 언제나 반갑게 맞았는데 구충서 군에게는 그 정이 각별했다. 충서는 1974년 '민청학련 사건'에 연루되어 '고교책'이라는 엄청난 감투(?)를 썼다. 열아홉 살의 그에게 법원은 1심에서 징역 15년, 2심에서 징역 12년을 선고했다. 원순은 단국대 사학과를 같이 다니면서 정이 깊어진 그를 자신의 신혼집에 불러서 한동안 같이 살았다. 당시 충서네 집안은 그로 인해 풍비박산이 되고, 그 자신도 정신적으로 많이 아파하고 있던 때였다.

그 무렵 원순이네 집을 방문한 친구들의 공통된 기억은 집을 가득 채운 역사서들이었다. 아닌 게 아니라 그의 역사 사랑은 유난했던 것 같다. 연수원 시절부터 서울대 규장각을 뻔질나게 드나들었고, 변호사 시절 그의 한남동 자택에는 영인본 사료집들이 그득했다. 가난한 한국사 연구자들이 사고 싶어도 사지 못하는 비싼 책들을 변호사가 왜 가지고 있는지 의아해 하는 친구들도 있었는데, 그 책들은 나중에 젊은 연구자들을 위해서 '역사문제연구소(역문연)'에 모두 기증되었다.

1986년 2월 원순의 주도로 창립된 역문연은 사직공원 위쪽 사회과학도서관에서 개소식을 가졌다. 김항수 군의 회고에 따르면 같은 젊은 연구자들의 모임인 근대사연구회나 한국역사연구회에 비해 역문연은 비교적 재정형편이 나은 편이었는데, 이는 원순의 희생이 있었기 때문이었다. 원순은 3년 뒤에 변호사 활동으로 벌어들인 돈을 거의 모두 들여서 중구 필동에 역문연의 보금자리를 마련하기까지 했다.

1992년 어느 날 영국 런던정경대학에서 유학을 마친 원순은 부인과 함께 미국에서 공부하고 있던 나와 정병호 군을 찾아왔다. 원순이가 하버드 대학에서 객원연구원으로 있을 때인데, 1990년에 그들 부부와 지리산 종주를 한 이후로 첫 만남이었다. 그는 유럽과 미국의 시민운동에 대해 많은 관심을 드러내면서 이것저것 많이 물었다.

알려진 바와 같이 그는 귀국하여 참여연대 결성을 주도했고 그 후에는 아름다운재단과 아름다운가게를 창설했다. 그는 2005년 이른 봄, 내게 전화를 하여 아름다운가게 홈페이지에 글을 써달라고 했다. 고등학교 시절 글쓰기를 좋아하던 나를 떠올렸을 것이다. 그러나 학자의 길로 들어선 뒤에 딱딱한 학문적 글만 써오고 있던 터라 선뜻 결정을 내리지 못했다. 그는 잘 할 수 있을 거라고 용기를 주었다. 덕분에 나는 주로 사회복지와 관련된 역사 에세이를 십여 편을 쓸 수 있었고, 그렇게 시작된 나의 대중적 글쓰기는 여러 일간지에 칼럼 쓰는 일과 '세리시이오(www.sericeo.org)'의 동영상 강의로 이어졌다. 그는 늘 그렇게 긍정적 에너지를 가지고 있었고 다른 사람들에게도 전달해주었다.

아름다운재단이 본격적인 활동을 하기 시작하던 무렵부터, 그와 우리 친구들은 많으면 일 년에 서너 차례 정도의 모임을 가졌다. 한화그룹에서 임원을 맡고 있던 정승진 군이 양평이나 서울 인근의 콘도를 빌려서 친구들을 불렀고, 우리는 각자 일이 끝나는 대로 약속 장소로 가서 저녁을 먹으면서 밤늦게까지 이야기를 나누곤 했다. 원순은 늘 수첩을 가지고 와서 친구들의 이야기를 열심히 메모하면서 들었다. 그 모임은 2011년 원순이가 서울 시장에 출마할 때까지 꾸준히 지속되었다.

그 무렵 나는 서강대학교에서 국제문화교육원장이라는 직책을 맡아서 수도권의 여러 지자체들로부터 위탁 받은 시민대학 형태의 프로그램들을 운영하고 있었는데, 원순은 단골강사였다. 아름다운재단이나 희망제작소 직원들에게 줄 월급이 모자란다고, 언제든지 불러달라며 그는 웃었다.

2011년 7월, 원순은 홀연 백두대간 종주 산행에 올랐다. 그리고 9월 1일 그에게서 갑자기 연락이 왔다. 다음 날 오대산으로 와달라는 것이었다. 지리산 기슭 중산리에서 출발한 그의 일행이 오대산 근처에 이르렀을 무렵이었다.

당시 원순의 백두대간 종주팀을 이끈 사람은 석락희 대장이었다. 90년대 중반 성공회대 NGO 아카데미에서 강사로 참여한 원순을 처음 만난 뒤 깊은 인연을 맺어오던 분이었다. 그분을 제외하면 원순과 대학생 2명, 40대 한 분 등 모두 아마추어였는데, 사실 지리산에서 설악산 마등령에 이르는 680km의 산길을 49일 만에 연속 종주한다는 것은 전문 산악인도 어려워하는 대장정이었다.

평발에 통증 증세가 있었지만, 어릴 때부터 단련된 그의 지구력과 "한번 오르려 했는데 못 오른 산 없고, 올라가서 못 내려온 산이 없다."는 평소 그의 긍정적 신념(?) 덕분인지, 원순이는 비교적 산을 잘 탔다고 한다. 그는 팀에서 가장 연장자였지만 설거지를 도맡았고, 산행대장의 반대에도 불구하고 산행 길 쓰레기 줍기에 고집스럽게 매달렸다고 한다.

8월 19일, 일행이 아침부터 비가 내리고 있던 속리산 천왕봉 정상 부근에 도달했을 때의 일이다. 비를 피해서 요기라도 할 수 있는 장소를 물색하던 석 대장을 원순이가 "이리 와 보세요." 하고 급하게 불렀다. 그래서 원순에게 가니, "느껴 보세요. 이건 비가 아니라, 아프고 힘든 사람들의 눈물이에요."라고 했다고 한다. 이런 현상을 심리학자나 정신분석학자들은 어떻게 해석하는지 모르겠으나, 원순에게는 그것이 '자각'의 순간이었다. "속리산도 나도 그렇게 울었다. 주체할 수 없을 정도로 눈물이 났다. '이제 무엇인가를 해야겠다'는 생각에 몸이 부르르 떨렸다." 그의 산행 일기에 나오는 대목 중 한 구절이다.

9월 2일 오후, 정병호, 오세천, 김수진, 그리고 나는 오대산 아래 원순의 숙소에 도착했다. 원순은 우리 얼굴을 보자마자 서울시장 선거에 출마할 뜻을 밝혔다. 나는 즉각 만류했다. 나는 그의 순수한 영혼이 현실정치의 늪에 빠져 좌절될 것을 염려했지만 그는 단호했다. 이미 결심이 섰으니 아무 말 말고 그냥 응원해 달라고. 그날 저녁 우리는 통음했고, 다음 날 아침 노인봉 정상에 올라 종주를 계속하는 그를 배웅하고 서울로 돌아왔다.

우여곡절 끝에 그는 서울시장에 당선되었고 재선과 3선에도 성공했다. 그는 가끔씩 친구들을 시장실로 불렀다. 그의 책상 위에는 '읽은 것'과 '읽을 것'으로 대충 경계선이 쳐진 수십, 아니 수백 건은 족히 되어 보이는 서류들이 쌓여 있었다. 추진 중인 주요 시정을 설명할 때에는 철이 된 여러 서류들을 번갈아 들고 와서는 그 시작과 경과를 일일이 짚어주곤 했다. 일의 시간적 순서와

"박원순입니다."
천리 길 먼 곳 창녕에서 올라와
수줍게 인사하던 까까머리 소년을,
몇날며칠을 씻지 못해도
그게 무슨 큰일이냐며
공부에만 열중하던 깡마른 소년을
우리는 기억한다네.
한숨 쉬며 나라를 걱정하던
애국소년도 우리는 잊지 않았네.
아무리 힘든 일이 있어도,
때론 세상이 무심하게 여겨져도,
조용히, 묵묵히, 언제나
꾸준하게 그대를 응원하는
친구들이 있음을 기억하렴.

"소셜 디자이너, 박원순"
정성을 다해서, 머리를 쥐어짜서,
어서 빨리 시민이 행복한 서울을
만들어 주시게나.

2014. 7. 16

서울시장 재임을 축하하며
3학년 6반 친구들이

2011년 10월 말 서울시장 당선 직후.
5년간 계속하던 친구들과의 1박 2일 마지막 모임
(왼쪽에서 두 번째가 필자)

인과관계에 바탕을 둔 그의 설명을 들으면서, 나는 '아, 원순이가 역사학자 맞네.'라는 생각을 했다.

2020년 2월에는 나와 몇몇 친구들을 따로 불러서, 세계사적으로 유례가 없는 특별한 경험을 한 우리 세대가 그냥 잊히기에는 너무나 아깝다는 평소의 지론을 다시 펼치면서, 우리 세대의 경륜과 지식을 다음 세대들에게 전달할 수 있는 교육 사업을 구상해달라고도 했다. 그는 아직 '정치인'이 아니었다. 역설적으로 그런 그에게서 한국 정치의 희망을 보았다.

그러던 그가 갔다. 정병호, 지성언, 문영길, 김종균, 도진권, 정영철 등 고등학교 친구들과 함께 그의 마지막 길을 배웅하기 위해 창녕으로 내려갔다. 장례의 마지막 순서는 아주 작게 조성된 그의 무덤에 꽃 한 송이씩을 올려주는 일이었다. 그러나 우리 친구들은 꽃이 거의 다 떨어졌다는 핑계로 서둘러 마을로 내려갔다. 진짜 이유는 부인 강난희 씨와 다인, 주선 남매를, 그들의 슬픔을 마주할 자신이 없었기 때문이었다.

그 죽음의 이유를 우리는 아직도 잘 알지 못한다. 다만, 그 이유가 무엇이건 간에, 그로 인해 그가 평생 지켜온 자기희생과 헌신의 정신조차 부정되어서는 안 된다는 것이 그와 오십년을 함께하며 많은 기억을 공유했던 친구들의 공통적인 생각이다. 그는 이미 한국의 시민운동사에서 그 누구도 하지 못했던 일을 이루고 갔다. 그는 가고 이제 슬픔은 남아 있는 사람들의 몫이다.

친구 유형규가 그 슬픔을 노래한다.

〈故友元淳靈前痛哭〉

行善如何僅半命,
留余另半哭元淳.
埋頭經世忘爲我,
獻計厚生求利民.
弱冠已懷知洛書,
從心尙遠棄紅塵.
先驅不免憂孤獨,
積德輪廻必有鄰.

〈오랜 친구 원순의 영전에서 아프게 운다〉

좋은 일 행함을 어찌 천명의 반에서 그치고
나머지 반을 내게 남겨 님을 위해 울게 합니까
세상 경영에 마음을 다해 자신을 잊었고
삶을 든든히 할 방법을 찾아 사람들을 도우셨지요
약관에 이미 세상의 큰 계획을 배우려는 뜻을 품었지만
마음 따를 나이가 아직 멀었는데 먼지 같은 세상을 버리셨습니다
앞서 달리셨으니 외로움은 어쩔 수 없었겠지만
덕을 쌓았으니 다시 태어나서는 반드시 이웃이 있을 겁니다.

2장

역사의식이 투철한 인권 변호사 - 역사문제연구소 시절

역사문제연구소의 탄생

원경(前 조계종 대종사)

역사 공부 사랑방 모임에서 출발

내가 안성 청용사 주지로 있을 때 검사직을 사임하고 변호사 개업을 했다고 박원순 내외가 이호웅 선생과 함께 청용사를 찾아왔다. 박원순 변호사는 그 후로 주말이면 내외분이 청용사를 방문하였고 어지러운 세상 이야기를 하며 날이 가고 달이 가고 해가 가는 시간을 보내게 되었다. 그러던 중 1984년 여름 이호웅 선생 일행, 박원순 변호사 부부와 함께 동해안으로 휴가를 떠나게 되었다.

함께 여행을 하며 즐거운 시간을 보내고 많은 이야기를 나누던 중 박 변호사는 "변호사 휴업을 하고 공부를 좀 더 하고 싶습니다."라고 하였다. "무슨 공부를 하고 싶습니까?"라고 물었더니, "요즘 시국사범 변론 요지를 작성하다 보니 역사 인식이 부족함을 피부로 느끼며 앞으로 세상을 살아감에 있어 좀 더 많은 공부를 하고 싶습니다."라고 대답했다. 나는 "공부는 평생을 알게 모르게 하는 것이고 또 공부는 하고 싶을 때 해야 하니까 우리가 함께 공부할 수 있는 사랑방 같은 모임 장소를 만들어 봅시다."라고 하였다.

나는 10세에 입산 출가해서 남들처럼 학교를 다니지 못했기에 공부하는 사람들이 좋았다. 일찍이 장일순 선생, 김지하 선생, 송기숙 선생, 황석영 선생, 김민기 선생, 장선우 선생 등 20여 명에게 탄허 큰스님이 강해하신《화엄경》한 질을 구입해 복사하고 제본하여 나누어주고 각자가 읽어본 만큼 함께 토론하는 '화엄의 바다' 공부 모임을 약속했던 적이 있다. 그러나 모두 사회적으로 너무 큰 사람으로 명성이 있어 같이 공부할 수 있는 시간이 맞지 않아 약속이 무산된 적이 있었는데, 이것이 기회다 싶었다.

이 기회에 우리가 함께 사랑방 모임으로 공부방을 만들어놓자고 했다. 그러면 앞으로 세상에 일할 수 있는 젊은 대학생들이 모여 공부하고 연구해서 토론과 세미나를 할 수 있는 장소와 공간으로 활용될 수 있지 않겠는가. 박원순 변호사는 내 제안대로 사랑방 공부방을 만들자고 약속했다. 우리 일행은 4박5일 동해안 여행을 마치고 상경하였다.

박원순 변호사는 상경하여 광화문 정부종합청사 뒷편 옥빌딩 401호를 월세로 얻어주고 매월 100만 원을 지원해주며 발기인을 구성하게 되었다. 이호웅 선생, 김성동 선생, 천희상 선생,

박원순 변호사, 나, 그리고 어느 분이 모셔왔는지 모르겠지만 문학 평론가 임헌영 선생이 발기인으로 합류하게 되었다.

발기인들이 매주 모여 사랑방의 방향을 잡아가며 함께 공부하며 젊은 대학생들을 지도할 사람을 섭외할 때, 천희상 선생이 〈신동아〉 기자 서중석 선생을 천거하고 김성동 선생이 한학자 이이화 선생을 천거하고 임헌영 선생이 북한 전문학자 김남식 선생을 천거하고 서울대 대학원생 윤해동 선생이 합류하였다. 이렇게 이름을 다 나열할 수 없을 정도로 많은 분을 모시게 되면서 자연스럽게 사랑방 모임에서 연구소로 방향을 잡게 되었다. 이렇게 공부할 수 있는 젊은 대학원생, 대학생이 모여들자 시범으로 해방 삼년사 세미나 모임을 만들어 해방 삼년사를 다루게 되었다.

그런데 저녁이면 모여서 옥빌딩 401호에서 시국을 논하는 불순한 무리가 있다고 치안본부, 안기부, 경찰서에 투서가 들어갔다. 결국 치안본부와 안기부의 내사가 있었으며 한번은 삼년사 세미나 팀 전원이 종로 경찰서에 연행되기도 하였다. 우리가 연구소의 방향을 잡아 세상에 개소했을 때는 욕먹지 않을 정도로 공부하는 준비 모임이었는데 경찰서와 기관의 감시가 심하여 마음의 고초를 겪게 되었다.

정식으로 연구소를 개소하다

나는 박원순 변호사에게 정식으로 연구소 개소식을 하자고 제안했다. 학계와 재야의 선생님들을 고문, 전문위원, 연구위원으로 모시는 것으로 동의를 얻어 연구소 개소식을 하기로 청용사에 모여 결의하였다. 문제는 연구소 소장을 모시는 일이었다.

하루는 박원순 변호사와 발기인 몇 분이 저녁에 청용사로 나를 찾아왔다. 급한 대로 서울에서 임헌영 선생을 연구소 초대 소장으로 내정하고 스님의 동의를 얻고자 왔다고 했다. 나는 역사 문제에 관한 연구소를 정식으로 세상에 알리는 일인데, (그 당시 일반인이 처음으로 만드는 연구소였다) 임헌영 선생은 문학평론가이므로 연구소 대표자로는 결이 맞지 않으니 임헌영 선생을 연구소 부소장으로 모셔 연구소를 관장하게 하고, 역사학자 정창렬 교수(한양대)를 소장으로 모셨으면 좋겠다고 하였다. 그러나 정창렬 선생이 고사해서 소장을 모시는 일에 차질이 생겼다. 여러 사람을 생각하다가 사학자인 영남대 정석종 교수를 이수인 교수가 설득하여 역사문제연구소 초대 소장으로 모셨다.

이렇게 역사문제연구소가 정식으로 개소식을 하면서 길일을 택해 달라는 부탁을 받았다. 나는 1936년 2월 21일 여순 감옥에서 순국하신 신채호 선생 기일로 택일하여 마침내 1986년 2월 21일 역사문제연구소가 세상에 빛을 보게 되었다. 이러한 과정에서 대학로에 강당을 빌려 대중 강연회를 가지면서 많은 회원이 동참하여 회원들의 십시일반 작은 회비와 찬조금, 기부금이 연구소 운영에 부족하나 많은 도움이 되었다. 명실공히 연구소의 역사 탐방 여름 수련회는 즐거운 시간들이었다.

그러나 역사문제연구소인데 연구 학술지 지면이 없음을 아쉬워하던 중, 풀무원을 운영하는 원혜영 선생이 1987년 9월 역사비평사를 창간하여 역사문제연구소 학술지가 탄생했다. 원혜영 선생은 역사비평사에 7,000만 원을 투자하고서 한 푼도 건지지 못하고 정계로 진출하게 된다. 출판사가 성공하면 투자금을 돌려주기로 하고 박원순 변호사가 역사비평사를 인수하였으나 박원순 변호사는 직접 관리를 할 수 없어 역사문제연구소에 출판국 부서를 두고 윤해동 선생이 출판국 관리를 하였다. 그러나 박원순 변호사도 8,000만 원을 투자했는데도 불구하고 역사비평사를 또다시 제3자에게 넘기게 되었다. 이때 사업으로 성공한 장두환 사장이 인수를 해서 현재의 역사비평사가 되었다.

사단법인 역사문제연구소가 되다

이런 과정에서 역사문제연구소 회원들이 2박3일 수련회를 강촌에서 가졌는데, 나는 박원순 변호사에게 이쯤에서 발기인들은 뒤로 물러나고 역사학자와 역사학도들이 연구소를 운영하는 것이 좋겠다고 하였다. 박원순 변호사는 통영 앞 무인도에 사람이 살지 않는 가옥이 있는데 간혹 인연 있는 사람이 오면 사용을 할 수 있다 하니, 강촌 수련을 마치고 발기인 전원이 연장 휴가를 가서 발기인 모두를 퇴출하게끔 하자고 하였다. 통영여행에는 박호성 선생, 이영구 사장 부부, 황석영 선생 부부, 정현기 사장도 함께 동참을 했다.

통영에서 상경하기 전날 밤, 나는 발기인 모두에게 이제 역사문제연구소는 역사학자와 학도들에 의해서 나아가야 하니, 발기인 중 역사학을 전공한 사람 이외에는 모두 연구소를 떠나자고 제안했다. 단 박원순 변호사는 단국대학교에서 역사학을 전공하였으니 남기로 하였다. 모두가 동의하였고, 임헌영 선생만 서울에 가서 답을 준다 하여 나도 임헌영 선생 답을 듣고 연구소에서 물러나기로 하고 우리는 다음 날 상경했다.

연구소는 옥빌딩 사무실을 비워주고 이사를 다니다 1989년 10월 필동 실천문학사에서 매입한 사옥으로 오게 되었다. 그때 실천문학사가 도종환 선생의 《접시꽃 당신》 시집을 출간하여 필동에 대지 216평 2층 건물을 사들였는데 실천문학사가 발간한 《노동문학》에 박노해 선생의 시를 실은 게 문제가 되어 실천문학사가 세무감사를 받게 되었다.

이때 실천문학사 주간인 송기원 선생이 내게 급히 건물을 등기 이전할 수 있는 사람을 추천해달라고 부탁했고, 다른 사람을 찾느니 차라리 나에게 건물등기를 넘겨주면 내가 건물을 지켜주겠다고 했다. 그러나 은행 측에서 나는 종교인이고 개인 실적이 없으니 확실한 연대보증인이 있어야 한다고 했다. 박원순 변호사에게 사정을 이야기했고 그가 연대보증을 해서 은행대출 3억 5천만 원을 받아 건물을 매입하고 건물등기를 할 수 있었다.

역사문제연구소는 이사를 다니지 않고 필동 건물에서 몇 년 지낸 후 건물을 8억 원에 팔고 계동 단독주택을 8억 4천만 원에 매입하여 1997년 1월 계동 시절을 열었다. 그런데 역사문제연구소가 이사를 가려 하니 20년간 매월 상환하기로 했던 대출금을 갚아야 했다. 박원순 변호사가 창천동 집을 팔아 은행 대출금 3억 5천만 원을 상환하는 바람에 박원순 변호사는 그 후로 전셋집을 전전하며 지내게 된다. 역사문제연구소는 명실상부한 사단법인으로 탄생하게 되었으며 박원순 변호사와 상의하여 건물등기 명의를 사단법인 역사문제연구소에 기증하였다.

박원순 변호사는 몇 년 영국과 미국에서 공부하고 귀국하여 본격적으로 시민운동가로 변신하였다. 하루는 영국과 미국에서 보고 생각했던 이야기를 하면서 스님도 종교인으로 시민운동에 참여하라고 이야기하기에 앞으로 무엇을 하든지 나하고 연결이 아니 되면 좋을 것이라고 조언했다. 나는 개인적 신분 때문에 귀에 걸면 귀걸이, 코에 걸면 코걸이가 되니 음으로 양으로 박원순 변호사 주변에 있으니 공적이든 사적이든 거리를 두라고 했다.

그 후로 매년 음력 4월 8일 부처님 오신 날이면 부부 동반으로 찾아와서 이야기를 나누곤 했는데, 한번은 부인이 "남편이 옛날처럼 돈을 벌어 오지를 않으니까 생활이 어렵고 애들은 성장하는데 아빠는 시민운동가로 활동하고 있으니 어찌하면 좋을는지요." 하면서 눈물을 흘렸다. 박원순 변호사는 "원망은 스님한테 해. 스님을 만나지 않았으면 당신에게 잘했을 거야."라고 발뺌을 했다. 그 모습을 보는 나는 가슴이 무겁고도 아팠다.

박원순 변호사는 참여연대, 아름다운가게, 아름다운재단, 희망제작소를 만들어 명실상부한 시민운동가로 명성을 얻었고, 2011년 서울시장 보궐선거에서 서울시장으로 당선되었다. 연임에 성공하면서 2018년 6월 선거 결과 최초의 3선 서울시장으로 선출된 박원순은 2020년 7월 세상을 떠날 때까지 헌정사상 최장기 임기를 수행한 서울시장의 기록을 남겼다.

공공을 위해 사는 사람

서중석(역사문제연구소 이사장·성균관대 사학과 명예교수)

역사문제연구소에 참여하게 된 사연

내가 박원순을 처음 만난 것은 여의도 국회의사당 앞 도로 벤치에서였다. 1985년 가을 아니면 겨울이었을 것이다. 역사 관련 단체를 만드는 일 때문이었다. 박원순 이전에 이미 이호웅과 천희상이 여의도에 와 부탁한 바 있었다. 이호웅은 두 차례 찾아와 왜 역사단체를 만들게 되었는가를 얘기하면서 내게 참여할 것을 권했다. 10년 전인 1975년 서울대 5·22시위로 같은 방에 갇혔을 때 이호웅은 '대선배'로서 박원순에게 학생운동의 의미나 의의에 대해 많은 얘기를 해주었고, 박원순은 그 가르침을 아주 진지하게 들었다. 당시에 역사 관련 단체 얘기도 있었다고 한다.

이호웅, 천희상, 박원순이 여러 차례 나를 찾아온 데는 이유가 있었다. 박원순이 변호사가 된 이후 적극적으로 나오자 이호웅, 임헌영, 원경(스님), 김성동, 천희상 등이 역사단체 만들기에 나섰는데, 그들 중에는 역사학자가 없었다. 나도 역사학자는 아니었지만, 사학과(두 번째 복학할 때부터는 국사학과)를 다녔다. 1984년 봄 윤보선의 부탁으로 전두환에 의해 민청학련 관계자들이 대거 사면 복권되었고, 나는 서울대 문리대 은사인 김용섭 선생을 따라 그해 가을 연세대 사학과 석사과정에 입학했다. 나는 대학에 입학할 때부터 공부와 학생운동을 병행해야 한다고 생각했다. 그러면서 친구나 후배들을 운동에 끌어들이기 위해 설득할 때 역사 이야기를 많이 했다. 그래서인지 운동권에서 나는 역사 전문가처럼 알려지게 되었고, 박원순도 그 얘기를 듣고 온 것이다.

하지만 나는 이호웅이나 박원순의 제안을 탐탁하게 여기지 않았다. 박 변호사가 역사 단체 활동비를 전적으로 부담하겠다고 확언했지만, 역사 단체가 잘 될 성싶지 않았던 것이다. 나는 그 당시 현대사를 알아야 한다는 욕구가 폭발적이라는 현실을 충분히 감지하지 못했던 것 같다. 박원순이 여의도 내 직장으로 두 번째 찾아왔을 때 함께하는 데 동의했다. 단 나는 〈동아일보〉 신동아부 기자이므로(1988년 서울대 박사과정에 들어간 뒤 그만두었음) 겉으로는 드러나지 않도록 해달라고 요청했다.

1980년대 중반부터 1990년대 초반까지 지식인·학생들의 현대사에 대한 관심은 굉장했다. 특히 6월항쟁이 열어놓은 학문의 자유는 극우반공체제에서 금단의 영역이었던 현대사의 여러 쟁점을 활짝 열어놓았다. 오랫동안 침묵을 지켰던 진보적 학자들이 역사문제연구소(역문연)에서 마련한 학술강연회나 학술대회, 토론회, 세미나에 적극 동참해줬다. 청중들이 복도에까지 서 있을 정도였다. 빨치산 관계자들이 나와서 증언과 토론을 할 때는 계단에까지 꽉 들어찼다. 비용은 거의 다 예외 없이 박원순이 부담했다. 건물 임대료도 마찬가지였다. 역문연에서는 아직 사단법인이 아니었지만 박 변호사를 이사장이라는 직함으로 호칭했다. 이때가 역문연 최고 전성기였다.

박 변호사가 성의껏 비용을 부담했지만, 얼마 뒤 역문연은 다른 진보 단체들처럼 재정적으로 곤경에 빠졌다. 그래서 우리도 곤경에 빠진 다른 운동단체가 하듯 화가 등의 도움을 받아 서화 전시회를 갖기로 했다. 이 일에는 친구 유홍준이 적극 나섰다. 그는 그림 등을 받아오는 일에서부터 전시회장 얻는 일, 또 작품을 파는 일까지 모든 것을 도맡았다. 나는 유홍준과 함께 원주 장일순 선생한테 난 그림을 여러 점 받아왔다.

이때 전시품도 박 변호사가 특별히 많이 샀다. 이럭저럭 약 7천만 원 정도가 들어왔는데, 우리는 최소한의 성의를 작품을 내준 분들한테 드리기로 했다. 어렵게 사시던 장일순 선생에게 1백만 원을 드리니 고마워하셨다. 그러고 나니 약 4천여 만 원이 남았는데, 이 돈과 박 변호사가 내는 돈으로 간신히 역문연을 꾸려

나갔다. 그러나 박 변호사가 가족 모두를 데리고 영국으로 유학을 가게 되어, 역문연은 새로운 후원자를 찾아내야 했다.

당시는 답사도 많이 갔다. 박 변호사 부인도 아이들도 함께 왔다. 답사를 겸해서 산행도 했고 여행도 갔다. 역문연 식구끼리 술도 많이 했다. 장두환은 우리 모임을 양산박이라고 했지만 그야말로 한 가족이었다. 박 변호사는 전혀 술을 못했지만 술자리에 빠지지 않았고, 힘들 텐데도 끝까지 자리를 같이 했다. 술값은 처음에는 박 변호사가, 장두환이 합류한 이후에는 주로 장사장이 부담했다. 1993~94년경부터는 국외 답사나 여행도 갔다. 역문연 경비가 부족해 경비도 벌 겸 갔는데, 별반 수입은 없었다. 그래도 여행을 좋아하는 나는 매년 한 번씩 답사 이름으로 여행을 갔다.

여행 중 박 변호사가 특별히 생각나는 일이 있다. 1996년 아니면 1997년에 댐 쌓기 1년 전의 장강삼협과 티베트에 갔는데, 그때 티베트는 자유여행지역이 아니었다. 그래서 성도에서 암표 비슷한 항공편을 구해 라사로 갔는데, 공항에서 내려 10여 분쯤 가는데 일행이 쓰러지기 시작했다. 나도 앞장서서 가다가 몸에 이상 증상을 느꼈다. 인솔자였던 내 잘못이었다. 해발 3,400m 높이, 특히 산소가 부족한 티베트에서는 천천히 움직이는 등 조심해야 하는데 그걸 몰랐다.

고산병은 나이와는 상관없었다. 한 젊은 연구원은 포달랍궁도 못 갈 정도였던 반면에 원혜영은 멀쩡했다. 박원순 부부는 처음부터 아주 심했다. 그 부부는 티베트 어디에서나 차 안에서도 달나라 우주비행사처럼 큼지막한 산소통을 머리에 뒤집어쓰고 있었다. 그런데 아무 말 없이 그 고통을 다 견뎌냈다. 물으면 괜찮다는 말만 했다. 지옥 같았을 터인데, 그렇게 지독하게 참아냈다. 다행히 고산병은 성도로 돌아오자마자 말끔히 나았다.

출판 사업 논쟁

나에게는 하나의 야심이 있었다. 역사잡지를 창간해 현대사, 또 근대사의 쟁점을 다루자는 것이었다. 사실은 거의 연구되지 못한 것들을 연구해 게재하자는 생각이 더 컸다. 역문연이 세종문화회관 뒤 빌딩에서 문을 연 몇 달 뒤 원혜영이 찾아왔다. 할 일이 없겠느냐는 것이었다. 그래서 대뜸 역사잡지를 내자고 했다. 《역사비평(역비)》은 이렇게 해서 1986년 여름부터 준비를 시작했다. 원혜영은 역문연에서 떨어진 다른 건물에서 역사비평사(역비사)를 열었다. 출판도 겸하자는 생각이었다.

금단의 영역 비슷했던 현대사, 특히 해방정국과 근대사를 집중적으로 다루는 잡지 《역사비평》이 나오자 당시의 상황을 반영하듯 사회·인문학계와 운동권은 상당히 큰 관심을 보였다. 처음에는 부수도 꽤 많이 나갔다.

그러자 역비사와 역문연의 관계 설정에 문제가 생겨났다. 역비가 역문연 기관지라는 점에서는 이견이 없었으나, 역비사에 대해 임헌영 선생은 역문연에 직속되어야 한다는 주장이었고, 나는 역비 편집은 주간이 맡고, 역비사 경영은 자율성을 가지면서 역문연 유관 조직으로 하자고 주장했다. 잡지건 출판물이건 큰 빚을 질 수 있는데, 그것을 역문연이 떠맡으면 같이 망한다는 것이 내 논리였다. 박 변호사는 임 선생 의견을 지지했다. 그래서 대충 역비 편집권은 주간이 갖되 역비사 소유권은 역문연에 있다고 합의를 보았다.

역비사는 곧 빚투성이가 되었다. 새정치바람이 불면서 원혜영이 정치계로 나가겠다고 했을 때도 빚이 적지 않았는데, 역비사를 박 변호사가 떠맡으면서 빚이 눈덩이처럼 불어났다. 좋은 의도였지만 인건비, 출판비가 늘었고, 역비 원고료 매당 3천 원도 적지 않은 부담이었다. 나는 박 변호사에게 부인을 경리로 앉혀서라도 지출을 대폭 줄이지 않으면 큰일 난다고 윽박질렀다. 나중에는 당장 갚아야 할 빚이 1억 원 정도로 불어났다. 이제 역비건 역문연이건 살아남을 수 있느냐는 기로에 놓였다.

그때 문리대 동창 장두환이 나타났다. 그는 소기업을 운영하면서 얼마간 돈을 벌었는데, 번 돈은 사회를 위해서 써야 하고 소비는 평등하게 써야 한다는 소비 사회주의 신봉자였다. 안병

욱과 유홍준이 한국역사연구회에 쓰라고 권했고, 그들에 따르면 그 권유에 따르겠다고 약속을 하고는 장두환이 역문연으로 갔다는 것이었다. 장두환은 오자마자 2억 원 정도를 풀었고, 그 이후도 투자를 해 역비와 역비사를 살렸다.

1990년 전후시기로 기억하는데, 역비와 역비사는 다른 일로도 풍파를 만났다. 당시는 급진적 변혁사상이 넘쳐흐르던 시절이었다. 학술계도 '혁명적 분위기'가 있었다. 역문연 자매단체인 한국역사연구회의 방기중 등이 역문연의 젊은 연구자들과 함께 느닷없이 역비사와 역비의 소유권을 두 단체가 공동으로 갖자고 제안했다. 나는 그런 주장은 절대 받아들일 수 없다고 펄펄 뛰었다. 어떻게 한 푼도 투자하지 않은 한국역사연구회가 공동 소유할 수 있느냐고 반박했다. 그런데 역문연 젊은 연구자들에 의하면 박 변호사도 자신들의 주장에 찬동했다는 것이었다. 박 변호사는 특이할 정도로 소유욕이 없는 사람이었다. 그러니까 역문연이나 역비사에 그렇게 많은 돈을 스스럼없이 내놓았을 것이다.

그러나 나는 끝내 반대했다. 그래서 주간은 내가 계속 맡고 역비 편집위원을 양측이 반반씩 맡고, 역비에 한국역사연구회를 1면에 걸쳐 소개하는(역문연 소개는 양면) 것으로 일단락지었다. 공동 편집위원제는 몇 년간 지속되었다.

정치 참여 논쟁

역문연에서 제일 길게 논쟁이 있었던 것은 정치 참여 문제였다. 이 문제에 대해 박 변호사는 확고하게 자신의 견해를 갖고 있었다. 1992년인가 1996년인가 총선을 앞둔 시점에서 젊은 연구자들이 정치적 지향을 가지고 있는 사람들은 역문연에서 나가야 한다고 주장했다. 역문연은 순수한 학술단체여야 한다는 논리였다. 박 변호사는 각별히 시민운동의 순수성을 강조했고, 시민운동이 조금이라도 정치와 관련을 맺으면 때가 묻는 것이므로 절대로 정치 참여는 있을 수 없다는 아주 강경한 신조를 지니고 있었다.

그러나 내 생각은 달랐다. 6월항쟁으로 새 세계를 열 수 있는 기회가 왔는데, 극우반공체제를 무력화시키거나 약화시키기 위해서도, 민주주의와 인권을 신장시키기 위해서도 좋은 사람들이 단결하여 좋은 정치를 펴야 한다고 생각했다. 나는 순수한 시민운동, 민주화운동은 없으며, 가장 중요한 개혁 또는 변혁은 권력을 장악하거나 의회에 최대한 진출할 수 있을 때 가능하다고 믿었다. 그래서 나 자신이 정치에 뛰어들 생각은 없었으나, 이미 6월항쟁 직후부터 짧은 기간이었지만 나는 뜻을 같이 하는 사람들과 함께 새 정치운동을 편 적도 있었다. 그런데 문제는 그러한 원론이 아니고 현실이었다. 역비사 사장 장두환은 일찍부터 정치에 뜻이 있었다. 박 변호사에 이어 이사장으로 모신 분도 그런 마음이 없지 않은 것 같았다(그때 역문연은 사단법인이 되었다). 그 뒤를 이어 이사장이 될 분도 그럴 마음을 나한테 비쳤다.

나는 젊은 연구자들에게 역문연이 탄생하게 된 과정을 말하면서, 역문연은 민주화운동의 일환으로 활동하였음을 강조했다. 중요한 것은 역비 편집의 독립성과 역문연 학술모임의 순수성인데, 그 점은 다 아는 대로 철저히 보장되었고, 이후에도 그렇게 될 것이라고 역설했다. 그분들과 지금 인연을 끊으면 역비건 역문연이건 문을 닫는 수밖에 없는 것이 명확한데, 그리고 그들이 그렇게 큰 도움을 주었는데, 그렇게 하는 것이 좋겠느냐고 반문했다. 젊은 연구자들은 역비, 역문연이 문 닫는 문제에 대해서 대안을 내놓지는 못했으나, 박 변호사의 지지를 받으면서 정치에 뜻이 있는 사람들은 나가게 해야 한다는 주장을 굽히지 않았다.

임헌영 선생의 뒤를 이어 역문연 살림을 맡은 나는 박 변호사가 영국 유학을 하기 전부터 경비 마련에 부심했다. 젊은 연구자와 자문위원을 제외하고 역문연 관련자들은 모두 회비를 내자고 했고, 연구위원들에게도 회비를 독촉했다. 후원제도 만들었다. 그러나 이것을 다 합쳐도 이사장이 내는 돈에 못 미치거나 비슷했다. 그래서 학술대회 등 경비가 많이 들어가는 일은 따로 회의를 열어 할당량을 배정했다. 이때 원경스님, 장두환, 이종걸 등이 목돈을 냈다. 김영삼 정부 때 사단법인으로 한 것도 기부금 때문이었는데, 한 푼도 들어오지 않았다. 이러한 형편을 젊은 연구자들도 알고 있었겠지만, 그들은 학술단체의 순수성을 강하게 견지했다.

나는 역문연에 공부 시간을 뺏기는 것이 아깝기도 했을 뿐 아니라, 이런 일로 마음고생을 많이 할 필요가 있느냐는 생각을 불쑥불쑥 했다. 그렇지만 역문연을 떠나는 것도 쉽지 않았다. 역비만은 계속 내고 싶었는데, 그보다 더 큰 이유는 박 변호사였다. 그가 역문연을 위해 한 일을 생각하면 중도에 그만두는 것이 큰 죄를 짓는 것이 아닌가 생각됐기 때문이다. 박 변호사는 역사연구자가 아닌데도 역문연을 탄생시켰고, 계속 역문연이 일을 해나가는 데 헌신적으로 기여해 역사 연구에 지울 수 없는 큰 역할을 했다. 나는 여러 곳에서 누차 강조했지만 박 변호사 없는 역문연은 있을 수 없었다.

오랫동안 논란을 거듭했던 정치 문제는 국회의원 후보로 나서는 것까지는 문제 삼지 말고 당선되면 역문연을 떠나도록 하자고 내가 제안해 일단 봉합했다. 후보 홍보지에 역문연 관련 사항을 쓰지도 않기로 했다. 박 변호사가 역문연 후원자로 이종걸 변호사를 끌어들인 후 우당 이회영의 손자인 이 변호사는 적극적으로 역문연을 지원했다. 가족들과 함께 답사나 여행에도 참여했다. 대한극장 뒤 필동 건물에서 계동 건물로 이사 올 때는 꽤 큰돈을 서슴없이 냈다. 그러나 정치 참여 문제는 박 변호사와 이종걸 변호사와의 관계를 한때 서먹서먹하게 했다. 어느 날 이 변호사와 역문연 회의 후 같이 가게 되었을 때, 그가 정치에 나서겠다는 얘기를 하길래 나는 좋은 정치를 위해서라면 적극 찬동한다고 말했다. 그러나 박 변호사에게 그 얘기를 꺼내자 분명하게 부정적인 의사를 밝혔다고 한다.

역사와 공공에 헌신하고 무소유를 실천한 사람

박 변호사는 역사에 관심이 아주 컸는데(그는 1975년 5·22사건으로 서울대 사회계열 1학년 때 잘린 뒤 나중에 단국대 사학과에 들어간 것으로 기억한다), 현대사 관련 책도 엄청나게 많이 샀다. 현대사 전공자인 나보다도 훨씬 많은 책을 샀다. 청계천 고서점 등에서 살 때 한꺼번에 수십 권 수백 권씩 이른바 '싹쓸이'로 사기도 한 것 같았다. 나중에는 책을 쌓아둘 곳이 없었다. 전셋집에 마냥 쌓아둘 수도 없었을 것이다.

재동 역문연 건물에 도서시설을 확충해 그 시설의 반 이상을 박 변호사의 현대사 관련 서적들을 넣어두는 데 활용했지만, 그것으로도 턱없이 부족해 많은 고민을 해야 했다. 다른 집 건물을 빌려 대량으로 보관을 했다. 지금은 그 책들이 어디로 가 있는지 궁금하다.

박 변호사는 일에 몰려 하루 종일 뛰어다니는 사람이었는데, 어느 틈에 그렇게 많은 글을 썼는지 이해가 안 간다. 비행기 안에서도 노트북을 꺼내놓고 계속 두드렸다고 한다. 박 변호사는 역비에도 글을 많이 썼다. 그중 특히 지금까지도 인용이 많이 되는 '국회프락치 사건, 사실인가', 당시로서는 아주 민감한 주제였던 '전쟁 부역자 5만여 명 어떻게 처리되었나'(160매), 독일과 일본의 전범 처리에 대한 역사적 평가를 다룬, 260매나 되는 '일본 전쟁범죄 처벌 지금도 가능한가', 어쩌면 한국에서 최초로 세계 여러 국가의 과거사 문제를 다루었을 '세계 각국은 과거사를 어떻게 심판했는가-부당한 권력의 '불처벌' 사례 문제를 중심으로'(150매) 등이 기억에 남는다. 모두 그가 탁월한 역사학자이자, 사회과학도, 법학도였음을 여실히 보여주는 뛰어난 논문들이었다.

나는 박 변호사 논문과 관련해 고백해야 할 것이 하나 있다. 박 변호사는 전쟁 부역자에 관한 논문에서 자수자와 검거자를 포함해 당국이 인지한 총 부역자수는 550,915명이라고 썼고, 그 전거도 명확히 댔는데, 나는 그 숫자가 너무 많다고 생각해 본문은 그대로 두고 제목을 5만여 명으로 달았다. 이것은 큰 잘못이었다. 이 자리를 빌어 박 변호사에게 공개적으로 사과한다. 박 변호사는 역비사에서 방대한 연구서인 《국가보안법 연구 1·2·3》, 《야만시대의 기록-고문의 한국현대사 1·2·3》을 비롯해 여러 저서를 냈다. 역비에 실린 논문이건 역비사에서 나온 저서건 그는 원고료나 인세를 한 푼도 받지 않았다.

박 변호사는 역문연이 장기간 연구 활동에 전념할 수 있는 기반을 마련해주었다. 역문연은 세종문화회관 뒤켠 빌딩, 사직공원 빌딩, 서대문 경기대 부근의 건물에서 박 변호사가 주로 주선해준 전세로 지내다가 1990년경 필동 건물에 입주했다. 박 변호사가 실천문학사측으로부터 3억 5천만 원에 매입한 것을 자신은 전세로 살면서 역문연에 넘긴 것이다. 박 변호사는 자신의 소유가 아니라는 것을 분명히 하기 위해 그 건물 소유주를 역문연 관계자로 등기했다. 그리고 실천문학사에서 5천만 원을 더 달라고 사정하자, 나는 계약이 끝났으므로 줄 필요 없다고 반대했지만 그 돈도 건넸다.

그 뒤 1990년대 후반에 그 건물을 8억 원에 처분했다. 나는 역문연 사람들과 함께 더 이상 가족들을 고생시키지 말고, 4억으로도 충분히 건물을 구입해 역문연에서 쓸 수 있으니까 8억 중 4억 원은 가져가라고 간곡히 당부했다. 그때 박 변호사가 무섭게 화를 냈다. 왜 역문연이 제대로 연구 활동할 생각은 하지 않고, 그런 소리를 하느냐면서 자신은 절대로 받지 않겠다고 딱 잘라 말했다. 더 말하면 역문연과 인연을 끊겠다고 나왔다. 어떻게 더 이야기를 할 수 없었다.

할 수 없이 재동에 8억 원짜리 건물이 나왔길래 그것을 샀는데, 총비용이 8억 5천만 원 정도 들었다. 5천만 원은 이종걸 변호사 등 여러 사람이 나누어 부담했다. 그 뒤 2010년대 중반에 그 건물을 38억 원가량에 팔고 제기동 빌딩을 샀다. 가정생활도 돌보지 않고 역문연 건물을 마련해준 것은 보통사람으로는 상상할 수 없는 놀라운 일이었다. 그는 오늘날과 같은 세상에서는 만나보기 어려운 특이한 사람이었다. 공공公共을 위해 사는 사람, 지성을 다하는 마음, 투철한 무소유의 정신…. 박원순은 그런 사람이었다.

3장

시민운동가의 탄생 - 참여연대 시절

인권변호사에서 시민운동가로

김남근 변호사(민변 前 부회장, 개혁입법특별위원장)

민변 중심이냐 시민운동가의 배출이냐, -민변의 역할 논쟁

내가 박원순 변호사를 처음 만난 것은 1997년 사법연수원에서 연수를 받으면서 후배들과 함께 참여연대에서 사회봉사 활동을 할 때였다. 박원순 변호사 같은 법조인이 부패방지, 재벌개혁 등 크고 작은 사회개혁운동을 주도하는 모습이 사법연수생들에게는 경외감으로 다가왔다. 보통의 변호사들은 사건을 접했을 때 법률적으로 해결하기 어렵다고 생각하면 오히려 어쩔 수 없는 사건이라고 안주하는 경향이 있다. 법률가는 법을 해석하는 전문가이지 법을 바꾸고 세상을 바꾸는 개혁가는 아니라는 관점은 현실에 좌절하는 의뢰인을 보면서도 전문가로서 자존심을 잃지 않게 하는 위안의 논리가 되기도 한다.

내가 처음 만난 박원순 변호사는 보통의 변호사와는 다른 풍모와 사고를 가진 분이셨다. 법조인들이 끊임없이 법 제도를 개혁하고 세상을 개혁하여 법의 장벽에 부딪혀 좌절하는 시민들에게 희망을 주는 개혁가여야 한다는 생각을 가지고 계셨다. 그 당시는 참여연대 같은 정치개혁과 권력감시 활동을 하는 시민단체는 정권 차원에서 불온시 하던 분위기였다. 그래서 준공무원 신분인 사법연수생들이 공식 연수 프로그램 차원에서 참여는 어려웠다. 후배들을 데리고 참여연대에 가서 사회봉사 활동하기에는 상당한 부담이 있었다.

하지만 박원순 변호사는 예비법조인들에게는 특별히 관심이 많으셨고, 자연스럽게 나도 한번 시민운동 해보자는 결심을 할 수 있도록 친근함을 보여주셨다. 노동운동을 하기 위해 막 변호사가 되어 인천의 노동현장으로 돌아가려던 나에게 시민운동이라는 또 다른 과제가 인생의 과업으로 다가오는 순간이었다.

내가 변호사가 되기 전에 있었던 아련한 논쟁이었지만, 민변 활동을 이끌어가는 선배들 사이에서 '민변 중심이냐 시민운동가의 배출이냐'는 역할 논쟁이 벌어졌다. 민변은 군사독재 정권 시절 소위 '시국변론時局辯論'을 하던 변호사들의 모임인 '정법회'가 모태가 되어 출범한 변호사 모임이다. 그래서 초기 민변 활동의 중심은 군사독재 정권에 저항하다가 구속된 학생, 사회개혁운동가, 노동운동가 들을 위한 소위 '시국 재판'의 변론을 맡는 것이었다.

그 당시는 법조인이라면 당연히 판사, 검사를 지원하여 몇 년간 국가에 봉사하다 나와서 전관 변호사로 많은 사건을 맡아 큰돈을 버는 것이 일반화되어 있던 시절이었다. 이러한 시절에, 일반적인 변호사들이 정보기관의 사찰 대상이 되고 잘못하면 세무조사 등 각종 불이익을 감수해야 하는 시국변론을 맡는 일은 거의 없었다. 나름의 정의감과 용기를 가지고 시국변론에 나서는 변호사끼리는 정의로운 법조인의 정체성이자 서로 의지가 될 수 있는 모임이 절실했다. 지금은 '모임'이라는 용어가 전혀 어울리지 않을 정도로 그 안에 20여 개의 다양한 조직과 1,200여 명에 달하는 회원들이 참여하는 큰 단체이지만, 당시 민변은 이렇게 군사독재 정권의 눈총과 보수적인 법조계 안에서 질시를 받던 소수 법조인들의 모임으로 출범했다.

박원순 변호사는 군사독재 정권 시대에 변호사들이 겁을 내고 외면하던 시국변론을 하는 당당한 인권변호사였다. 서울대생 권인숙 양이 성고문을 당하고 형사재판을 받을 때, 변론을 맡아 성고문 사실을 세상에 알리는 큰 역할을 하셨고, 그 뒤로도 인권변론의 지평을 넓혀 서울대 조교 성희롱 사건을 맡아 우리 사법사상 처음으로 성희롱에 대한 제재 판결을 이끌어냈다.

하지만 1987년 범국민적 민주화 운동으로 직선제 개헌을 쟁취하고 군사독재 정권이 물러난 후, 시민들의 개혁에 대한 요구는 단지 정치권력의 개혁을 넘어 노동, 환경, 주거, 경제민주화 등 사회 전반으로 확대되고 있었다. 민변의 인권변호사들도 억울하게 재판을 받는 인권운동가, 노동조합 간부, 지식인들의 변론을 맡는 것에서 나아가, 이러한 전반적인 사회개혁의 요구에 부응할 수 있도록 자신과 민변을 변화시키는 노력이 요구되었다.

박원순 변호사는 민변의 변호사들이 종래 해오던 시국변론 활동뿐만 아니라, 시민운동의 영역으로 나와 다양한 사회개혁 활동에 참여해야 한다는 입장이었다. 본인이 몸소 전면적인 사회개혁 운동을 위해 진보적 사회개혁 시민단체인 참여연대 창립을 주도하셨고, 민변 후배들에게도 민변 내에서 인권변론 등 제한된 활동에만 머물지 말고 시민단체로 나와 사회개혁운동에 참여할 것을 질타하셨다. 그래서 민변 내에서는 자연스럽게 민변에 중심을 두고 활동을 해야 한다는 입장과 민변이 시민운동가를 양성, 배출하는 인큐베이터 역할을 해야 한다는 입장이 형성되었다. 지금도 민변 변호사들에게 고민을 안겨주는 쟁점이다.

대부분은 민변에 중심을 두고 활동을 하였지만, 김창국, 최병도, 차병직, 김칠준, 이찬진 변호사 등이 참여연대 운동에 주도적으로 참여하였고, 그 뒤에도 이상훈, 하승수, 장유식, 이헌욱, 조형수 변호사 등 여러 변호사들이 참여연대 등 시민단체에 활동의 중심을 두고 시민운동을 하고 있다.

시민운동의 독자적인 철학과 영역을 개척해야

2000년대 초 내가 참여연대 협동사무처장으로 참여연대 상임집행회의에 참여한 지 얼마 안 되는 시기에 인천의 대우자동차에서 파업이 발생했다. 나와 같이 학생운동을 하고 노동운동의 경험을 가진 사람들의 뇌리에는 시민운동이 노동운동, 빈민운동 등 기층 민중운동의 성장을 지원해야 한다는 생각이 깊이 자리 잡고 있었다. 나는 노동운동의 상징 같은 사업장에서 파업이 발생했으니, 참여연대가 파업지지 성명을 내는 게 어떠냐고 제안했다. 그때 바로 박원순, 차병직 변호사 등 참여연대 임원들에게 시민운동은 노동조합 활동을 지원하는 단체가 아니라는 심한 질책을 받고 그야말로 혼쭐이 난 적이 있었다.

시민운동은 시민들 대다수가 개혁을 공감하는 공익활동, 예를 들면, 그 당시 부정과 무능으로 지탄으로 받고 있던 전근대적 정치문화로 낙후되어 있는 국회 의정활동 개혁 등을 시민들을 대변하여 해야 한다는 것이었다. 아마도 2002년 총선에서의 부패 정치인에 대한 낙천낙선 운동이 그 당시 시민운동의 정체성을 전형적으로 보여준 사건일 것이다.

한편 생각해 보니 노동조합 활동을 지원하는 단체는 민주노총 등 전문단체가 있고, 노동자, 빈민 등 경제적 약자들의 생존권 보호와 경제적 지위 향상도 우리 사회 전체의 민주주의와 경제

개혁이 추진되어야 크게 신장할 수 있는 과제였다. 시민운동은 그 자체로 시민사회의 공익을 대변하여 책임지고 개척해야 할 많은 과제가 있다는 인식을 가지게 되었다. 지금도 참여연대 간사나 후배 변호사들 중에서 왜 참여연대가 노동운동을 지원하는데 적극적이지 않느냐는 문제 제기를 받을 때마다 그 시절의 내가 생각나서 속으로 빙그레 웃곤 한다.

작은 권리 찾기 운동이 이루어낸 큰 행정개혁

박원순 변호사의 시민운동 하면 2002년 총선에서 부패 정치인에 대한 낙천낙선 운동을 벌여 정치인들이 외면하던 부패방지, 공천과 선거개혁을 정치의 핵심 영역으로 끌어올린 사건을 생각한다. 하지만 이러한 큰 개혁뿐만 아니라, 박원순 변호사는 흩어져 있는 각 개인들에게는 그냥 지나칠 수 있는 작은 권리이지만 이를 모아 외치면 큰 사회개혁의 반향을 일으키는 시민운동도 적극적으로 개척한 분이다.

예를 들어, 지하철이 노후화되어 자주 고장을 일으키면서 승객들이 찜통 지하철 안에서 대기하는 사건이 빈발하였는데, 지하철을 운영하는 철도청과 지하철공사에서 아무런 안내방송도 없이 몇 시간 동안 승객들을 방치하는 사건이 빈발하였다. 참여연대는 승객들의 위임을 받아 지하철공사를 상대로 10만 원의 위자료 청구 소송을 제기했는데, 그 뒤 지하철 고장 시 5분 이내에 승객들의 하차와 요금 환불 여부를 정하는 매뉴얼이 만들어지는 등 소소한 행정개혁들이 이루어졌다.

말이 작은 권리 찾기 운동이지 그러한 작은 활동이 큰 행정개혁을 이루어낸 것이다. 그 뒤 폭설에 대한 관리소홀로 차량들이 밤새도록 고속도로에 갇히는 사건이 발생하자 도로공사를 상대로 위자료 소송을 제기하여 고속도로에 긴급재난에 대비한 매뉴얼이 만들어졌다. 대량의 개인정보를 소홀히 다루어 누출시킨 대기업들을 상대로 소액소송을 제기하여 그 뒤 기업들의 개인정보 보호 투자를 이끌어냈다.

주변 주민들의 소음피해에도 소음방지 노력을 게을리한 김포공항공사에 대한 손해배상 청구도 이러한 사례이다. 이러한 작은 권리 찾기 운동 이후 이러한 시민들 다수의 피해들이 거의 발생하지 않는 걸 보면 그 당시 진행되었던 작은 권리 찾기 운동을 통한 소소한 행정개혁이 대시민 행정에서 적지 않은 개혁을 이루어냈다고 할 수 있다. 공익은 국가나 헌법상의 큰 담론만이 아니라 흩어져 있어 무시되었던 다수의 작은 권리야말로 공익이고 이러한 흩어져 있는 다수의 작은 권리의 공익을 수호하기 위한 행정개혁이야말로 시민들의 생활 속에서 사회개혁을 이루어내는 것이다.

작은 권리 찾기 운동이야말로 박원순 변호사 방식의 디테일한 사회개혁운동의 진가를 보여준 시민운동이라 할 수 있다. 이렇게 박원순 변호사는 우리 사회 개혁운동가들이 큰 담론과 개혁운동의 주력에만 집중하여 시민들의 삶과 이에 지대한 영향을 미치는 행정과 정치의 개혁에 큰 관심을 두지 못할 때, 시민운동의 독자적인 영역, 철학, 정체성을 개척하며 사회개혁의 또 다른 큰 흐름으로 시민운동을 자리 잡게 했다. 박원순 식의 디테일하고 집요한 개혁운동은 그 뒤 서울시정에서도 반영되어 시민들과의 소통과 협치를 통한 행정개혁으로 이어졌다.

세상을 바꾸기 위해서는 기성 단체에도 참여하자

대한변협이 지금은 회원들의 의사를 수렴하여 다양한 활동을 하고 있고 변호사들의 사회공헌활동에도 적극적인 모습을 보여주고 있지만, 과거에는 원로 변호사들 중심으로 우리 사회의 변화에 지나치게 보수적인 태도를 보여주던 시절이 있었다. 1987년 초 전두환 군사독재 정권의 직선제 개헌 반대에 호응하여 호헌 성명을 낸 것은 지울 수 없는 대한변협의 부끄러운 오욕의 역사로 남아 있다. 그러한 모습은 그 뒤에도 다양한 형태로 계속되었다. 예를 들면, 시민단체들이 억울한 피해들을 당하고 있던 경제적 약자들을 보호하기 위해 제기한 상가건물임대차보호법안, 이자제한법안 등 민생개혁 입법에 대해 대한변협이 족족 반대의견을 국회에 제출하기도 했다.

그 당시만 해도 혈기 왕성했던 참여연대 민생희망 본부의 변호사들이 우리도 대한변협 회원인데 대한변협이 서구 유럽국가에서는 보편적인 임대차보호법도 반대한다는 것이 말이 되느냐며 울분을 터뜨리고 있었다. 당시 사무처장이던 박원순 변호사가 그럼 대한변협 회장을 만나러 가자고 하셨다. 아마도 명문 경기고-서울대의 학벌을 가진 박원순 변호사는 경기고-서울대 인맥으로 원로 변호사들과 친분을 가지고 계신 듯했다. 그래서 박원순 변호사와 나, 그리고 2~3명의 변호사들이 대한변협 회장님과 면담을 하게 되었다. 희미하게 남은 기억으로는 당시 대한변협 회장님이 국회에 대한변협 의견을 내는 법제위원회 회원들은 법조경력 25년~30년의 원로들로 풍부한 경험을 가지고 의견을 내는 것이라는 취지로 얘기했던 것 같다. 너희 같은 젊은 법조인들이 원로 법조인들의 의견을 함부로 뭐라 할 것이 아니라는 취지로 읽힐 수 있었다.

면담이 끝난 뒤 박원순 변호사가 면담에 참여한 변호사들에게 '이것이 우리 법조계의 현실이다. 그래서 시민운동에 참여하는 법조인들이 법조개혁에도 분발해야 한다.'는 점을 강조하셨던 기억이 난다. 그때 깊은 깨달음을 얻은 나는 다음 대한변협 집행

부의 법제위원회 위원으로 참여했다. 물론 국회에서 대한변협에 개혁입법에 대한 의견조회가 오면 열심히 의견서를 작성했다. 덕분에 그 공로를 인정받아 2005년 대한변협 공로상을 받기도 했다.

민변 활동에 참여하는 젊은 변호사들은 대한변협과 같은 기성조직에도 참여하여 선배 법조인을 설득하고 때로는 논쟁도 하면서 개혁을 추진해야 한다고 생각하기보다는, 밖에서 신랄하게 비판하고 냉소하는 것으로 자신의 역할을 다했다고 생각하는 경향이 있다. 그러나 그렇게 해서는 자기 위안만 될 뿐 세상은 변하지 않는다. 박원순 변호사는 세상을 개혁하기 위해서는 바깥에서 목소리를 높이는 것뿐만 아니라, 기성조직에도 참여하고 세밀한 대안을 제시하는 노력을 해야 한다는 점을 강조하셨다. 본인도 직접 서울시장에 출마하여 당선되었고, 서울시정의 개혁을 통해 세상을 바꾸려 하지 않았던가?

동지들에게 당신과 같은 열정과 헌신을 요구하기도

박원순 변호사는 유언에서 어린 시절 친구와 선생님, 변호사 시절 사무장과 사무원, 선배 변호사들, 참여연대와 아름다운재단 및 아름다운가게 간사와 기꺼이 회원이 되고 도움을 주신 분들을 일일이 언급하며, 당신에게 배움과 도움을 준 많은 분에게 감사하다는 말을 전하셨다. 함께 꿈꾸던 깨끗하고 인간다운 세상을 만들기 위해 안간힘을 다하는 과정에서 혹시나 상처를 입거나 무리한 요구로 손실을 입었을 분들이 있지 않을까? 그분들에게 신세를 져 고맙다는 말씀도 남기셨다.

사실 박원순 변호사는 일반 시민들이나 지식인들에게 한없이 온화한 성품으로 다가갔지만, 뜻을 같이하는 동지들에게는 시민운동에 대한 끝없는 열정과 헌신을 요구하고 때로는 질책도 서슴지 않는 스타일의 분이셨다. 참여연대 간사들에게 따뜻한 말과 격려를 아끼지 않으셨지만 간부급 간사들에게는 새로운 시민운동의 영역을 개척할 것을 독려하고 많은 과제를 깨알같이 쏟아내기도 했다. 이미 뿌리를 내려 책임을 맡고 있는 활동에 더해 새로운 사업영역이 더해지니 책임 간부들은 비명을 지를 형편이었다. 서울시장 시절에도 공무원들에게는 정시 퇴근 문화를 만들도록 하면서도 정책참모와 간부들은 주말에도 모여 정책회의를 하였다고 한다. 나도 주말 정책간담회에 정책자문위원으로 참석한 적도 있었다.

한번은 박원순 변호사가 참여연대 상근 사무처장을 그만두면서 나에게 상근 사무처장을 맡아 달라고 요청한 적이 있었다. 당시 나는 노동운동을 하다 사법시험에 합격해 이제 변호사를 시작한 지 채 2년도 안 된 시기였다. 아직 변호사로서 실무전문가 역할도 제대로 못하는 내가 참여연대 사무처장을 맡는다는 것은 무리여서 정중히 거절하였다. 하지만 그 뜻에 조금이라도 같이하기 위해 협동 사무처장, 집행위원장 등 참여연대 임원을 두루 맡아야 했다. 주거와 부동산, 서민금융, 대중소기업 불공정 행위, 중소상인 보호, 반값등록금 등 우리 사회의 개혁 요구가 있는 이슈마다 박원순 변호사의 열정과 헌신을 생각하며 뛰어다녔다는 생각도 든다.

참여연대 운동은 시민운동가인 간사들의 헌신과 정책전문가인 교수들의 전문성, 실무전문가인 변호사, 회계사 등의 문제해결 능력의 삼박자가 잘 결합되어 사회개혁운동으로서 신망과 성과를 얻었다고 평가한다. 그 3가지 영역을 원활하게 결합시키기 위해서는 박원순 변호사와 같은 시민운동가이자, 정책전문가이자, 실무전문가인 슈퍼맨이 필요했는지도 모른다.

기부문화의 확산에도 열정을

9년 동안 서울시장 연봉만 그대로 모았어도 집 한 채는 장만했을 텐데, 박원순 시장은 6억의 '빚'만 남기고 가시며 가족들에게 미안하다는 유서를 남겼다. 돈이 이념과 철학을 넘어 모든 것의 기준이 되어 가는 척박한 세상에서…. 제발 정부 부동산정책을 믿을 수 있게 고위공직자나 국회의원들은 거주할 집만 남기고 투기 목적 주택은 팔라고 해도 고수익의 강남 집만은 지키려는 고위공직자들의 행태가 국민들을 분노하게 하는 세태 속에서…. 박원순 시장이 몸소 실천하며 우리사회에 전달하려 했던 메시지가 우리들의 가슴에 더 아프게 다가온다.

박원순 변호사는 잠시 미국유학을 가시면서 소유하고 있는 집을 처분하여 역사문제연구소 재단에 기부하였고, 저술과 강연에서 얻은 수입이나 포스코 사외이사를 퇴직하며 받은 퇴직금 등을 모두 기부했다. 몸소 기부를 실천하며 기부문화 확산을 위해 아름다운재단, 아름다운가게 등의 기부문화 확산을 추진하는 시민단체를 만들어 활동하셨다.

"나를 비우고 힘든 내 이웃을 채우려 했던 삶"의 메시지는 민변의 후배 변호사들에게도 많은 영향을 미쳤다. 민변은 불온단체(?)가 들어오는 것을 꺼리는 임대인들을 어렵게 설득하며 여기저기 건물을 옮겨 다녀야 했다. 이러한 신세를 청산하기 위해 민변에서 자체 건물을 보유하자는 결의를 할 때 수십억 원에 달하는 건물 매입자금을 마련할 수 있을지 걱정이 많았다. 그러나 박원순 변호사와 활동을 같이 했던 분들부터 적극적인 기부를 마다하지 않아 그리 오랜 시간이 걸리지 않고 기금을 모아 민변 건물을 매입할 수 있었다.

작은 개혁도 놓치고 싶지 않았던 개혁의 욕심쟁이

한번은 박원순 시장의 민생개혁을 지원하기 위하여 정책보좌관으로 참여하고 있던 후배 변호사로부터 연락이 왔다. 박원순 시장이 예전에 미국을 방문하였을 때 복지행정의 사각지대에서 복지혜택을 받지 못하는 취약계층을 지원하는 법률단체를 본 적이 있는데, 서울시 행정에서 이를 구현해보려 한다는 것이었다. 사실 이러한 법률복지 활동은 복지단체들이 주도하면서 서울시에 행정 차원의 지원을 요구해야 하는 일이었는데, 되려 박 시장이 먼저 제안한 것이다. 아마도 박원순 시장은 이런 해외 법률단체의 법률복지 구조활동을 이해하고 있으리라 생각하고 나를 호출했던 것 같다.

하지만 사실 나는 그때까지 해외여행 한번 가지 않았던 순수 국내파였다. 미국의 법률단체들이 어떤 공익활동을 하는지 큰 관심을 두지 않고 있었고, 잘 알지도 못했다. 그 뒤 반성(?)을 많이 했고, 지금은 기회가 있을 때마다 민생기행, 통일기행 등 후배 변호사들과 해외 공익단체들의 활동이나 지방자치단체의 행정을 참관하는 기행에 참여하고 있다.

일단 나는 그 당시 복지행정과 관련하여 복지 사각지대의 문제로 가장 큰 이슈가 되고 있던 문제를 먼저 해결해보려고 하였다. 생계가 어려워 국민기초생활보장법상의 기초수급대상자가 되어야 하지만, 자식이 있다는 이유로 제외되어 폐지를 주워가며 어렵게 생활을 하는 노인들이 부지기수였다. 정작 자식도 어려워 부모님의 가난을 외면하는데, 국가도 자식이 있다는 이유로 노인의 빈곤을 외면하는 것은 사회정의에도 어긋나는 것이다. 걸림돌은 역시 재정문제였다.

구에서 새로운 기초수급대상자를 발굴하면 이에 대한 지원예산을 국가와 서울시가 대부분 부담하지만, 구 차원에서도 작은 재정을 부담해야 한다. 이러한 재정이 구 차원에서는 작은 예산이 아니라는 게 문제였다. 복지 사각지대에 있는 기초수급자를 열심히 발굴한 공무원이 오히려 구에서 징계를 받았다는 얘기가 들리던 시절이었다. 그래서 새로운 기초수급대상자를 구에서 발굴하면 그 구의 재정부담도 서울시가 지원하기로 했다. 다만 이미 제외처분을 한 상태에서 그냥 구제를 할 수 없는 경우, 법률복지센터가 구에 부양의무자가 실질적으로 부양을 하지 않아 기초수급대상자가 되어야 한다는 의견서를 제출하면 이를 참조하여 기초수급대상자에 포함하기도 하였다. 이렇게 출범한 것이 '서울 사회복지 공익법 센터'이다.

이렇게 박원순 변호사는 해외를 방문하여 감동 받은 사례가 있으면 그것을 그냥 지나치지 않고 어떻게 하든 한국의 사회개혁 운동에 반영하려 했던 분이다. 해외 시민운동 단체 방문 등을 하고 올 때마다 자료를 모아 와서 책 한 권을 내곤 했는데, 조금이라도 문제의식이 들면 깨알같이 메모하고 기어이 실현해내고자 하는 모습을 단적으로 보여주는 것이다. 서울시장을 하면서도 현장 순방이나 간담회에서 제기된 내용을 메모한 후 서울시정에 반영할 필요가 있다고 생각하면 깨알같이 많은 실천방안을 내려보내 공무원들을 기겁하게 했다고 한다.

박원순 변호사는 시민운동이 단순히 문제 제기에 그치지 말고 세상을 변화시키는 데도 앞장서야 한다고 생각했다. 본인 스스로 우리 사회의 개혁을 디자인하는 '소셜 디자이너social designer'라고 자처하셨다. 서울시장에 나가는 것도 당신이 디자인하는 사회개혁의 밑그림에 행정개혁이 필요했기 때문이었을지도 모른다.

실제로 박원순 시장은 서울형 복지기준, 공공임대주택 공급 확대, 시민과 소통하는 정책 토론회, 재개발 현장의 갈등 해결, 친환경 에너지전환 사업 등 시민운동의 주요 현안 과제를 행정을 통해 실현하는 모습을 보여주셨다. 하던 일 잘 관리하면 된다는 관료주의를 떨쳐버리고 과제를 찾아내고 문제를 분석하여 개혁을 추진하는 열정적인 행정가의 모습을 보여주셨다. 이러한 폭넓은 개혁행정의 모습에 '행정의 달인'이라는 찬사를 받기도 했다. 인권변호사, 시민운동가, 소셜 디자이너, 서울시장 등 어느 영역에서나 일관되게 박원순 변호사는 법조인으로서의 균형감각과 시민운동가로서의 개혁정신, 소셜 디자이너로서의 열정, 인권변호사로서의 헌신을 보여주었다.

당신이 꿈꾸셨던 깨끗하고 인간다운 세상! 당신이 그동안 많은 활동과 삶의 궤적 속에서 보여주셨던 헌신과 열정은 우리에게 많은 감동을 주었습니다. 당신의 헌신과 기여에 조금이라도 보탬이 되고 싶었으나, 우리는 너무 부족했습니다. 당신이 세상에 놓고 간 치열한 삶의 자세와 헌신을 결코 잊지 않겠습니다. 당신이 보여주신 열정과 헌신에 정말 감사드립니다.

우리 청춘의 참여연대, 그리고 박원순

이태호(참여연대 5대 사무처장)

내가 참여연대에 대해 처음 알게 된 것은 1993년 말경이었다. 참여연대가 공식적으로 창립한 것은 1994년 9월이었으니 당시는 창립논의가 한창일 때였다. 창립논의에 참여하고 있던 학생운동 선후배들의 말을 종합해 보면, '참여'와 '인권'이란 단어가 들어가고 '연대'라는 말로 끝나는 긴 명칭의 단체*를 만들기 위해 사람들이 모이고 있었다. 진보적 연구자, 인권변호사, 종교인, 과거 노동운동·학생운동에 참여했던 활동가들이 모여 경실련 비슷하지만 좀 더 진보적인 가치를 추구하는 시민사회단체를 만들려 하고 있다고들 했다.

당시에 조희연 교수(현 서울시 교육감)가 '좌파 경실련'이 필요하다고 역설했었기에 그것이겠거니 했다. 그즈음 선후배들로부터 '박원순 변호사'에 대해 전해 들었다. '참여 00' 창립논의에 '민

* 1994년 9월 참여연대 창립 때의 명칭은 '참여민주사회와 인권을 위한 시민연대'였고, 내가 입사하던 해인 1995년에는 참여민주사회시민연대(약칭 참여연대)로 변경되었다. 그 후 몇 해 지나지 않아 약칭이었던 참여연대가 정식명칭이 되었다.

변(민주사회를 위한 변호사모임)'과 '역문연(역사문제연구소)'에 깊이 관여했던 박원순 변호사라는 사람이 참여하고 있는데, 미국 등지에서 공부하며 시민단체 활동에 대해 이것저것 고민을 많이 해온 것 같다는 평이 들려왔다.

우리 청춘의 참여연대

참여연대에 대한 소문을 듣자마자 여기에 가담하고픈 관심이 생겼다. 하지만 학생운동 선후배들이 이미 상근활동가 혹은 청년회원으로 가담하고 있던 참여연대의 문을 두드리기까지 2년이 더 걸렸다. '육방(6개월 방위복무)'으로 병역의무를 마칠 수 있었던 덕분에, 전역 이후에도 좀 더 학생운동 조직에 남아 냉전 해체와 '문민정부' 수립 이후 혼란을 겪고 있던 학생운동의 재편작업에 힘을 보태기로 '사회로 이전'하는 선후배들에게 약속했기 때문이었다.

1995년 초, 선후배들에게 약속했던 숙제를 대체로 일단락 지었다고 판단한 나는 참여연대의 문을 두드렸다. 학생운동 선배이기도 한 김기식 당시 정책부장이 조직부장 자리가 비어 있으니 이력서를 내보라고 했다. 당시만 해도 참여연대가 성공을 장담하기 힘든 신생 단체였던 터라 큰 어려움이나 경쟁 없이 입사할 수 있었다.

그런데 막상 참여연대에 들어간 후에는 딱히 뭘 해야 할지 찾지 못하고 적잖이 헤맸다. 입사원서를 낼 때에는 지역조직을 담당하는 것이려니 했는데 현실은 전혀 그렇지 않았다. 예나 지금이나 참여연대는 지부를 가지고 있지 않았고 당시 신생 단체였던 참여연대가 일상적으로 협력해야 할 조직도 정해져 있지 않았던 터였다. 그저 정책부장이 있으니 장래의 조직사업을 고려해 조직부장직도 마련해두면 좋지 않겠냐는 수준에서 만든 자리였던 것처럼 보였다.

설상가상으로 창립준비부터 같이했던 상근활동가 그룹을 제외하곤 유일한 첫 특채 활동가에게 수습교육 같은 것이 체계적으로 제공될 리 없었다. 입사 첫날부터 스스로 학습 계획을 짜서 3주에 걸쳐 이 부서 저 부서를 찾아가 인터뷰를 청하고 참고자료를 구하는 식으로 낯설고 생소한, 아직 확립되지 않은 시스템에 적응해야 했다.

반부패 정치개혁이라는 화두

한 달여의 자체 수습기간을 마치고 채용이 확정된 후 내가 주로 했던 일들은 당시 200명 남짓했던 참여연대 회원의 연령

별, 직업별 통계를 작성해 분석하여 회원참여사업과 소통정책을 제안하는 것, 혹은 청년 대학생 그룹과의 협력방안을 마련하고 접촉하는 것 등이었는데, 좀처럼 가시적 성과를 거두지 못했다. 이름만 부장이지 부원도 없었거니와 무언가를 하려면 누구를 만나고 어떤 자원을 동원해야 하는지도 몰랐기에 그냥 문서를 끄적거리다 하루 일과가 끝나기 일쑤였다.

동료활동가들은 이전 인연도 있고 해서 살갑게 대해주었지만 돌이켜 보건대 가보지 않은 길에 들어서서 함께 헤매는 중이었고, 당시 비상근직이었던 조희연, 박원순 같은 임원들은 1주일에 하루 남짓 사무실을 방문하여 밀린 업무와 정해진 회의만 하고 사라지는 통에 조언을 구하기는커녕 말 한 번 제대로 나누어 보지 못하고 있었다. 그렇게 두어 달을 보내는 동안 딱히 바쁜 일도 없이 책상에 우두커니 앉아 있는 시간이 많아졌고 그럴수록 자존감이 떨어지고 스스로의 무능함에 대한 자괴감만 커져갔다.

나같이 숫기 없고 자존감 낮은 사람은 적응하기 어렵겠다는 생각에 그만둘까 말까 여러 번 고민했지만, 참여연대 들어올 때 하고 싶었던 일도 있었고 스스로 다짐했던 바도 있었기에 참았다. 시민들이 직접 참여하는 반부패 정치개혁운동을 꼭 해보고 싶었다. 학생운동 시절 사회주의를 표방한 권력의 몰락을 지켜본 내가 붙잡고자 했던 '영원한 저 푸른 생명의 나무'는 어떤 사회과학 이론이나 이념이 아니라 사회권력의 남용을 용납하지 않는 시민의 행동, 그 행동이 일어나는 현장이었다. 그리고 사회권력에 저항하는 시민들이 들 수 있는 가장 강력하고 알기 쉬운 무기는 반부패 정치개혁이었다. 반부패 정치개혁의 현장에 나를 묶어두기 위해서 '누가 쫓아내지 않는 한 여기, 참여연대에서 최소한 10년 이상 일하겠다'고 다짐했다. 그 다짐을 되새기며 한심한 내 모습을 참고 견뎠다.

신문 스크랩에서 시작된 기회

그러던 중, 참여연대와 나 자신에게 큰 영향을 미친 계기가 찾아왔다. 1995년 6월 말 삼풍백화점 붕괴참사가 일어났고, 가을에는 전두환·노태우 두 전직 대통령의 비자금사건이 터졌다. 나는 순전히 나의 무능으로 인해 생겨난 여유시간을 이용해 당시 쏟아지던 부실과 부패에 관한 기사와 자료들을 스크랩하기 시작했다.

권력형 비리와 정경유착 실태에 관한 정보, 냉전 해체 이후 전 세계에서 터져 나오던 반부패 시민운동에 대한 정보, 그리고 국내외 학계에서 쏟아져 나오던 이러저러한 반부패 정치개혁의 대안과 수단들에 대한 정보를 담은 기사와 자료들을 스크랩했다. 수습과정에서 얼핏 들었던 참여연대 창립 전후의 반부패 운동 아이디어들도 다시 스크랩했다. 당장 무엇을 할 수 있다고 믿어서라기보다는 이참에 체계적으로 공부를 해두자는 생각에서였다. 그 분야 업무는 조직부의 소관도 아니었다.

그러던 차에 내 반부패 스크랩이 당시 참여연대 상근을 염두에 두고 사무처 회의를 참관하던 박원순 변호사의 눈에 띄었다. "너어무 좋네요, 그렇지 않나요?" 특유의 추임새로 격려한 후 그는 내게 종합적인 반부패운동 기획안을 작성해보지 않겠냐고 권했다. 그렇게 박원순 변호사의 권유로 작업에 착수한 나는 두어 주 후 그동안의 스크랩과 공부 결과를 요약한 30페이지 남짓한 반부패운동 기획안을 작성해 사무처 회의에서 발제했다. 할 수 있고 해야 한다고 생각한 모든 것을 털어 넣어 기획안을 작성하면서도 이걸 과연 누가 해낼 수 있을까 반신반의했다.

박원순과 함께 작업하는 즐거움

내 발제를 들은 박원순 변호사의 반응은 쿨했다. "너무 좋네요. 해봅시다." 그러고는 기획안 파일을 보내달라고 했다. 그 후 내가 보낸 파일에 그의 아이디어를 덧붙이거나 추가 기획을 요청하는 메모를 보내왔다. 그와 기획안을 다듬는 과정은 경쾌하고 즐거웠다. 실무자와 결재자의 구분 없이 서로 아이디어를 내고 의견을 묻고 수정하고 보태는 흥미진진한 토론 과정이었다.

박원순 변호사는 당시 새해부터 참여연대에 상근하면서 2기 사무처장을 맡을 것으로 내정되어 있었기에 단지 아이디어를 나누는 수준을 넘어 실행계획을 구체화하는 아주 실질적인 대화가 오갔다. 내가 의견을 붙이면 그가 다시 붙이는 방식으로 몇 차례 핑퐁을 거치고 두어 차례의 사무처 회의와 상임집행위원회의 검토, 그리고 몇몇 기획전문가들과의 자문모임을 거치면서 '맑은사회만들기운동'이라는 명칭의 종합적인 반부패캠페인 기획안으로 완성되었다.

참여연대는 1996년 중심사업을 맑은사회만들기운동으로 정하고 이를 위해 맑은사회만들기본부를 결성했다. 신임 박원순 처장은 3명의 상근활동가를 추가 채용했다. 그렇게 이태호, 박영선, 이은경, 이수효로 구성된 박원순의 팀이 꾸려졌다. 그는 아무런 실적도 경험도 없는 나를 믿고 이 팀을 이끌 중책을 맡겼다. 당시 전체 상근활동가가 총 12명이었고 하나의 활동기구에는 상근활동가 한 명만을 배치하고 있었는데, 15명 중 4명을 배치하는 파격적인 결정이었다. 당시 정책실장으로 승진한 김기식, 사무국장이자 국제연대 활동가 이대훈도 이 캠페인에 투입되었으니 상근진의 1/3 이상을 투입한 셈이었다.

박원순 신임 사무처장이 직접 신광식 박사와 더불어 맑은사회만들기본부의 공동실행위원장을 겸했다. 본부장은 민변 창립

멤버이자 서울변협회장을 지낸 김창국 변호사께 부탁했다. 그는 감사원 부패방지위원장 시절 이탈리아의 반부패운동을 직접 조사하기 위해 현지를 방문할 만큼 이 문제에 적극적인 인물이었다. 공익제보지원단장은 박홍식 교수가 맡았는데 그이는 공익제보로 분류할 만한 모든 사건들의 리스트를 꿰고 있을 정도로 열정을 지니고 있었다.

맑은사회만들기운동과 부패방지법

맑은사회만들기운동은 부패방지법, 돈세탁방지법 등을 제정하는 입법운동, 공익제보를 접수하여 공론화하고 제보자를 보호하는 공익제보지원활동, 〈한겨레신문〉과의 1년간 총 50회의 전면기획 연재기사, 그리고 국제반부패운동 사례에 관한 현지조사와 국제워크숍 등을 포함하는 방대한 기획이었다. 기획의 중심은 고위공직자비리수사처 설치와 공익제보자 보호지원제도 도입을 포함하는 종합적인 부패방지법을 제정하기 위해 국민서명운동을 펼치고 국회의원 과반수의 동의서명을 확보하는 것이었다. 개혁입법을 위한 시민서명운동은 당시에도 일반화된 운동수단이었지만, 국회의원을 일일이 설득하여 과반수의 동의서명을 받아내는 공익로비수단을 실제로 적용한 것은 참여연대의 맑은사회만들기본부의 활동이 최초였다.

1996년 말 한 주간지가 참여연대 부패방지법 제정운동을 소개하는 기사를 '시민의 힘이 세상을 바꾼다'는 제목으로 게재하였다. 그 후 우리는 이 슬로건을 참여연대의 지향과 사명을 설명하는 슬로건으로 사용해왔다. 부패방지법 제정운동은 외환위기 직후인 1998년에는 시민사회단체 공통의 연대사업으로 확대되고 김대중 대통령을 포함한 여야 국회의원 과반수로부터 법제정을 약속받는 성과를 거두었다.

부패방지법 제정운동을 비롯한 맑은사회만들기운동의 결과로 1999년 사상 최초 특별검사 임명(고위층 옷로비 특검), 2001년 돈세탁방지를 위한 패키지법 제정, 2002년 부패방지법 제정과 국가청렴위원회 발족 등이 이어져 지금까지 우리나라 반부패제도의 기본 틀로 작동하고 있다*.

부패방지법 제정운동은 참여연대가 같은 기간 동안 진행한 국민기초생활보장법 제정운동, 재벌개혁을 위한 소액주주 운동 등과 더불어 외환위기 전후의 한국사회에서 세상을 바꾸기 위한 시민 행동의 기념비로 평가받고 있다. 이 기간 내내 상근 시민활동가로 변신한 박원순과 우리는 한 팀이었다.

* 참여연대 부패방지법안의 한 부분이었던 고위공직자비리수사처는 오랜 논란 끝에 문재인 정부에 와서 입법화되었다.

부패인사리스트와 낙천낙선운동

1997년 말 외환위기를 계기로 정경유착과 권력형 부정부패로 인한 총체적 부실에 대한 공분이 커져가고 부패방지법 제정운동이 탄력을 받고 있는 가운데, 우리 팀은 1980년대 이후 권력형 부정부패사건 전수조사에 착수했다. 학생운동 시절 인연이 있던 성공회대 역사동아리 후배들이 그해 겨울 내내 자원활동으로 작업을 도운 결과, 1998년 1월 중 모든 사건 기사, 공소장과 판결문 등을 수집하고 요약할 수 있었다.

당시 김대중 대통령 당선자는 새 내각 인사를 준비하고 있었다. 박원순 처장은 새 정부에 등용되어서는 안 될 부패인사리스트를 만들자고 제안했고, 우리 팀은 하마평에 오를 만한 전·현직 국회의원과 관료를 중심으로 100인의 리스트를 추려 기자회견을 통해 발표했다. 부패인사 리스트 발표의 결과였을까? 리스트에 오른 인물 중 한 명을 제외하고는 어느 누구도 등용되지 않았다. 등용된 한 명도 리스트 발표 후 자신과 관련된 의혹은 비교적 설득력 있게 해명한 후였으므로 참여연대가 지목한 부패전력인사는 아무도 등용되지 않았다고 봐도 무방하다.

이 리스트는 2년 후 2000년 총선에서 '낙천낙선운동'으로 알려진 역사적인 반부패 정치개혁운동을 성공적으로 이끄는 기초자료로 활용되었다. 전국의 1,050여 개 시민사회단체가 결집

한 2000년 총선시민연대는 그해 총선에서 낙선대상자로 지목한 86명의 부적격 후보 중 59명(68.6%)을 낙선시키는 데 성공했다*. 총선시민연대의 공동상임집행위원장으로서 이 시민행동을 이끈 박원순은 생전에 늘, "활동가들이 시켜서 어쩔 수 없이 했다."라고 자신을 낮추곤 했다.

"창의력은 3공파일에서 나온다"

2000년 낙선운동 이후 약 2년간 참여연대에 머물렀던 박원순은 2002년 어느 날 참여연대를 떠났다. 그 2년간 박원순 처장과 상근자들의 관계는 화목하지만은 않았다. 박원순은 낙선운동의 성공과 참여연대의 성장에 안주하지 말고 사무처가 더 많은 실험과 도전에 나설 것을 촉구하고 독려했다. 그러지 않으면 도리어 큰 위기를 겪게 되리라는 것이었다. 그즈음 박원순 처장이 요청하고 독려한 수많은 기획들을 점검하는 집중업무점검회의가 수시로 열렸고, 그는 사무처가 관성에 젖어있다고 질타하곤 했다. 그가 초조해하는 것처럼 느껴질 때도 있었다.

사무처 내에서 박원순의 리더십은 모든 활동가들이 자기 자

* 2000년 총선에서 시민연대가 지목한 부적격 후보자의 전국 낙선율은 68.6%였지만, 수도권 낙선율은 95%(20명 중 19명 낙선)에 이르렀다.

신처럼 다방면에서 능력을 발휘할 것을 요구하면서 따라오지 못하는 이들을 다그치는 '엘리트주의'라는 불만이 터져 나오기도 했다. 이런 분위기를 느낀 박원순은 보다 주체적인 자세와 열정을 호소하는 당신의 진심이 전해지지 않은 것에 서운해하곤 했다. 그는 창의력은 천재가 아니라 3공파일*에서 나온다고 역설하곤 했다. 그 자신이 밤새워 신문을 스크랩하고는 다음 날 회의에 묵직한 3공파일을 들고 나타나곤 했다.

박원순의 방식: 일할 때와 떠날 때

당시 박원순의 문제의식은 좀 더 넓은 곳을 향하고 있었다. 낙선운동의 성공에 안주하지 말아야 한다고 생각한 박원순은 권력감시 같은 비판적 시민운동뿐만 아니라 무언가 대안적인 시민행동도 아울러 발전시키는 방향을 모색했다. 박원순은 2000년 공익재단인 아름다운재단을 발족한 데 이어, 2001년 시민사회단체들의 전국적 연합체인 시민사회단체연대회의를 출범시키고, 2002년에는 참여연대 회원들의 주말장터였던 '아름다운가게'를 전국적인 규모의 사회적 기업으로 재편하는 작업에 착수

* 수집된 문서들을 정리하고 보관하기 위해 펀치로 세 개의 구멍을 뚫어 문서를 철하여 비치하는 데 쓰이는 자료보존용 폴더. 펀치구멍이 3개라서 통상 3공파일로 불린다.

했다. 이런 종류의 일들은 경우에 따라 정부나 기업과도 협력해야 하는 일이었고 권력감시 단체인 참여연대가 병행할 수 있는 일들이 아니었다.

2001년 이후 박원순은 몇 차례에 걸쳐 사의를 표명했다. 임원, 회원, 사무처 활동가 등 참여연대 모든 식구들이 떠나려는 그를 붙잡았다. 그 집요한 만류를 뿌리치기 위해 그가 자택에서 두문불출하거나 산중에 칩거하는 일도 더러 일어났다. 그 때마다 온갖 3공파일과 책자로 발 디딜 틈조차 없던 그의 전셋집과 눈 쌓인 지리산 산장은 박원순을 붙들려는 참여연대 식구들의 농성장으로 변했다. 하지만 그는 이 모든 만류를 단호히 뿌리치고 뒤를 돌아보지 않고 새로운 도전을 시작했다.

그는 이제 우리 곁에 없다. 나는 떠난 그를 온전히 헤아릴 수 없다. 하지만 우리 청춘의 가장 중요한 시기에 우리 곁에 그가 있었음에 감사한다. 우리는 많은 일을 함께했다. 우리는 한 팀이었고 나이와 경륜을 떠나 치열하게 서로의 열정을 온전히 나누었던 동료였다. 그의 명복을 빈다. 친구여 편히 잠드소서.

제주4·3의 진상을 밝히다

양조훈(前 제주4·3평화재단 이사장)

한국역사를 바로 세우는 일에 앞장서다

박원순 변호사는 한때 '공산폭동'으로 왜곡·매도되었던 제주4·3을 '국가권력에 의한 인권유린'으로 규정하는 데 혁혁한 공을 세웠다. 국무총리 소속 〈제주4·3사건 진상조사 보고서〉 작성기획단장을 맡아 2003년 〈제주4·3사건 진상조사 보고서〉를 확정하는 데 결정적인 기여를 했기 때문이다. 그 보고서는 제주4·3 발생 55년 만에 정부 차원에서 조사된 4·3종합보고서인 동시에 한국현대사에서 특별법에 의해 과거 역사를 재조명한 최초의 보고서라는 의미를 지녔다.

박원순은 인권변호사이자 사회운동가로 유명했다. 그러면서 잘못 기술된 한국역사를 바로잡는 일에도 앞장섰다. 암울했던 전두환 정권 시절인 1986년 '역사문제연구소'를 설립해 초대 이사장을 맡았을 뿐만 아니라 자신의 집을 연구소 사무실로 기증한 유명한 일화도 있다.

역사의식이 투철한 박원순은 미군과 이승만 정권에 의해 3만 명의 민간인이 학살당한 제주4·3을 외면할 수 없었다. 묻혀진 역사의 진실을 밝히기 위해 1997년 '제주4·3 범국민위원회'가 출범하자 박원순은 운영위원으로 참여했다. 1998년 당시 여당인 새정치국민회의 4·3특별위원회가 국회에서 주최한 '4·3공청회'에 나와 함께 토론자로 참석해 4·3의 진실규명과 명예회복을 위한 4·3특별법 제정의 필요성을 강조하기도 했다.

이런 노력들이 모여 2000년 제주4·3특별법이 제정되었고, 국무총리를 위원장으로 하는 '제주4·3사건 진상규명 및 희생자 명예회복 위원회'가 출범했다. 그리고 그 산하에 실질적으로 진상조사와 보고서 작성을 맡을 기획단이 조직되었다. 그런데 진상조사의 키를 잡을 기획단장 선정문제를 둘러싸고 적잖은 진통이 있었다.

정부 측에서는 국사편찬위 근현대실장을 추천했으나, 시민사회단체에서는 과거 고등학교 교과서에 제주4·3을 '공산폭동'으로 기술했던 전력을 들어 강력히 반대했다. 그리고 기획단장으로 박원순 변호사를 추대하자는 의견이 모아졌다.

당시 참여연대 사무처장을 맡았던 박원순은 시민운동으로 매우 바쁜 나날을 보내고 있었다. 특히 '아름다운재단' 설립을 준비하고 있을 때여서 도무지 시간을 낼 수 없다면서 기획단장 제

2001년 제주도를 방문한 4·3위원회와 기획단

(오른쪽 두 번째 필자, 세 번째 박원순)

안을 고사했다. 그러나 군경 측이 자기들 입장을 대변할 인물들을 포함시키기 위해 애를 쓰고 있었기에 그의 참여가 절박한 상황이었다. 박 변호사를 설득하기 위해 당시 4·3범국민위 운영위원장을 맡았던 고희범 〈한겨레신문〉 국장(〈한겨레신문〉 사장·제주시장 역임, 현재 제주4·3평화재단 이사장)이 나섰다. 그는 새벽에 1시간 이상 통화하면서 호소하고 설득한 끝에 박 변호사의 승낙을 받아냈다.

2001년 1월 출범한 기획단은 정부부처 국장급 공무원과 민간인 전문가 등 15명으로 꾸려졌다. 국방부나 경찰청 관계관, 보수인사 등도 참여했기 때문에 첨예한 의견 대립이 예견되는 구조였다. 그 산하에 상근 조사를 하는 진상조사팀 20명(전문위원 5명, 조사요원 15명)이 구성되었고 수석전문위원인 내가 그 실무책임을 맡았다.

기획단장과 수석전문위원의 신분이 되면서 나는 박 변호사와 자주 만나는 관계가 되었다. 안국동 참여연대 사무실에 가보면 그는 항상 일에 파묻혀 있었다. 그의 작은 수첩에는 깨알처럼 일정이 적혀 있었는데, 마치 시간을 분 단위로 쪼개 사는 사람 같았다. 그는 〈제민일보〉 4·3취재반장과 편집국장을 맡아서 4·3기획연재를 10여 년간 진행했던 나를 전폭적으로 신뢰하고 지지해주었다.

국가권력의 잘못에 대한 정부의 사과를 이끌어내다

4·3진상조사보고서 초안이 나오기까지 2년여의 세월이 흘렀고, 기획단 회의는 모두 12차례 진행됐다. 기획단 회의가 열리기만 하면 첨예한 논쟁이 벌어졌다. 4·3의 성격 문제로부터 시작하여 발발원인의 책임문제, 남로당 및 미군의 역할범위, 진압작전의 실상, 계엄령과 군법회의 불법성 여부, 집단학살의 책임문제 등에 대한 열띤 공방이 이어졌다. 박 단장은 군경 측 단원들이 도무지 말도 안 되는 억지 주장을 하는데도 중간에 이야기를 끊는 법이 없었다. 그렇게 시간에 쫓겨 사는 사람인데도 오랜 시간 차분히 경청하는 모습을 보면서 내공이 깊고 인내심이 대단하다는 느낌을 받을 때가 많았다.

2003년 2월 25일 기획단 제12차 회의에서 마침내 진상조사보고서 초안이 확정됐다. 그리고 이를 심의하기 위한 4·3위원회 전체회의가 3월 21일 고건 국무총리 주재로 개최됐다. 이날 회의에서 위원들 사이에 격한 논쟁이 벌어지자, 고건 총리는 진상조사보고서 심의 소위원회를 구성하여 심도 있는 검토를 하겠다고 밝혔다. 보고서 심의 소위원회는 국무총리와 법무장관·국방장관·법제처장 등 정부 측 위원 4명과 김삼웅·김점곤·신용하 위원 등 민간인 위원 3명 등 7명으로 구성됐다.

소위원회는 그 후 3차례 진행됐다. 그때마다 고건 국무총리가 주재했고, 기획단장인 박 변호사와 수석전문위원인 내가 참여했다. 그 무렵 장성 출신 모임인 성우회는 4·3보고서가 "군경의 진압작전을 국가폭력으로 규정함으로써 국가의 정통성과 군의 명예를 손상시킬 수 있는 중대한 잘못을 내포하고 있다."라는 입장을 밝히고 다각적인 보고서 저지활동을 벌였다.

보고서 심의 회의는 중요한 고비를 넘겨 막바지로 가고 있었다. 고건 총리는 결론 부분 마지막 8쪽은 매우 중요하기 때문에 축조심의를 하자면서 한자 한자 직접 읽으며 문제를 제기했다. 그러다가 "1948년 제주섬은 전쟁 상황이 아니었는데도 제노사이드(genocide·집단학살) 범죄의 방지와 처벌에 관한 국제협약 등 국제법이 요구하는, 문명사회의 기본원칙이 무시되었다."라는 내용으로 시작되는 평가 부분에 이르러 눈길을 멈췄다. 곧이어 "법을 지켜야 할 국가공권력이 법을 어기면서 민간인들을 살상하기도 했다. 토벌대가 재판 절차 없이 비무장 민간인들을 살상한 점, 특히 어린이와 노인까지도 살해한 점은 중대한 인권유린이며 과오이다."라는 표현이 나온다. 진상조사보고서의 핵심이랄 수 있는 중요한 내용이었다.

고건 총리는 "정부 보고서에 평가 부분까지 담아야 할지 재논의를 해봅시다."라고 말을 꺼냈다. 일순 긴장감이 돌면서 잠시 침묵이 흘렀다. 그 침묵을 깨고 박원순 기획단장이 말문을 열었다. "저는 진상보고서를 어떻게 하든 통과시켜야 한다는 총리님의 뜻을 존중해서 많은 것을 인내하며 양보했다고 생각합니다. 국방부 측의 무리한 요구가 있었지만 그 쪽도 어려운 입장이기 때문에 가급적 받아들이려고 노력했습니다. 그런데 보고서 핵심 부분까지 수정한다고 하면 기획단 회의를 재소집해서 논의할 수밖에 없는 상황이라고 생각합니다. 따라서 기획단장인 저로서는 이런 상황에 대해 책임을 지고 사퇴할 수밖에 없습니다."

더는 양보할 수 없다는 의지가 담긴 박원순 단장의 마지막 승부수였다. 이에 민간인 위원들도 박 단장의 말을 거들었다. 회의 분위기는 다시 반전됐고, 자칫 삭제될 뻔했던 평가 부분의 원문이 그대로 살아났다. 〈제주4·3사건 진상조사보고서〉는 갖은 우여곡절을 겪은 후 2003년 10월 15일 최종 확정됐다. 그 사이 고건 총리는 진상조사보고서 심의를 위해 모두 7차례 회의를 직접 주재하는 기록을 세웠다.

〈제주4·3사건 진상조사보고서〉는 사건 전반에 대해 기술한 데 이어 4·3사건 전체 인명피해를 25,000~30,000명으로 추정했다. 특히 1948년 11월 17일 계엄령 선포 이후 벌어진 초토화작전과 집단 학살의 책임이 군 수뇌부와 이승만 대통령, 주한미군사고문단에 있다고 기술했다. 따라서 국가공권력의 인권유린이 심대했음을 밝히고 그 과오에 대해 정부 사과를 촉구했다.

노무현 대통령은 2003년 10월 31일 제주4·3위원회의 건의를 받아들여 제주4·3사건 피해자들에게 과거 국가권력의 잘못을 인정하고 공식 사과했다. 그리고 2005년 1월 27일 제주도는 정부로부터 '세계평화의 섬'으로 공식 지정됐다.

한편 이런 공적을 세운 박원순 변호사는 2003년 '제주명예도민'으로 추대됐다. 그가 고인이 되었을 때, 4·3희생자유족회 등 4개 4·3관련단체 주최로 제주시청 앞 어울림마당에 '故 박원순 서울시장 추모 분향소'를 마련한 것도 고인의 고마운 뜻을 잊지 않겠다는 제주도민과 4·3유족들의 다짐의 표출이었다.

4장

아름다운 나눔 운동 - 아름다운재단, 아름다운가게 시절

가장 작은 나눔이 세상을 아름답게 만드는 씨앗이 될 수 있게

정경훈(前 아름다운재단 간사, 오늘의행동 대표)

시민 없는 시민운동과 시민 없는 기부문화 사이

1990년대 제도적 민주화와 더불어 애드보커시(advocacy, 생각과 행동 또는 신념으로 공적인 지지를 보내는 것) 시민운동도 활성화되었다. 이를 중심으로 시민운동이 시민들에게 익숙해져 가던 시기에도 전문가 중심, 활동가 중심, 단체 중심의 시민운동에 대한 자성과 비판이 있었다. 대중적으로 알려졌음에도 소수 시민들의 소액기부금에 의존하던 시민단체들은 늘 열악한 재정으로 힘들어했다. 시민단체의 활동가들은 밤낮없이 일하면서도 최저생계비에도 못 미치는 급여로 살얼음판을 걷듯 생존하며 활동하고 있었다.

한편 당시의 기부문화는 관 주도로 만들어진 기관들을 중심으로 해서, 오늘날 빈곤 포르노라고 비판받는 수혜자 개인의 비참한 현실에 근거, 시민들의 동정심에 호소하는 국민성금 형태가 두드러져 있었다. 연말연시에 집중된 모금방송에서는 큰돈을 기부한 기업명이나 기업가, 유명인을 비추거나 혹은 힘들게 모은 큰돈을 기부한 김밥할머니, 노점상의 모습을 조명하면서 '기부는 이렇게 혹은 이런 사람들이 하는 것이다.'라는 메시지를 주곤 했다.

해결해야 할 사회과제는 민주화라는 화두를 넘어 경제로, 인권으로, 문화로, 환경으로 뻗어나가며 다양한 시민사회를 구성하는 계기를 만들고 있었지만 그곳에는 활동가들이 있을 뿐이었다. 기부문화는 불쌍한 사람을 돕는 한정된 사람들의 한정된 기부에 머물러 있었다. 시민은 시민운동에서도 기부문화에서도 그 어디에서도 잘 보이지 않았다.

평범한 시민들이 세상을 바꾸는 주인이 될 수 있도록

박원순 변호사는 스스로 좌파나 우파, 혹은 어떤 주의주의자라는 틀에 갇히기를 원하지 않았다. 그래도 스스로를 정의하자면 '더 나은 세상을 만드는 실용주의자'라고 부르겠다고 말하곤 했다. 그는 독일, 일본, 미국 등 다양한 시민사회를 돌아보며 비영리단체의 시대가 오고 있음을, 나아가 시민의 시대가 오고 있음을 깨달았다. 그는 시민 없는 시민운동에 비평이나 평가를 하는 것이 아니라, '시민이 시민운동에 참여하는 방법은 무엇인가?' 라는 질문을 던지고 시민들이 참여할 수 있는 행동을 만드는 길로 직행했다.

박원순 변호사는 자본주의 사회에서는 개인이 자신의 돈과 자산을 사용하는 것이 투표나 어떠한 참여행위만큼이나 중요한 행위라고 생각했다. 자신의 사적 이익이 목적이 아니라 누군가를 위한 이타적 목적으로 자신의 부를 사용하는 나눔이라는 행동이, 각자도생의 사회가 아닌 더불어 사는 공동체 사회를 향한 시발점이라고 보았고, 변화를 만드는 적극적인 참여행위라고 여겼다.

어쩌면 불쌍한 사람을 돕는 것은 그저 자선의 영역이고, 사회를 바꾸는 시민운동과는 무관하다는 통념이 있던 시기에, 그는 나눔을 적극적인 시민운동으로 해석하고 확장하고자 했다. 도와야 할 불쌍한 수혜자나 기부를 통해 모여질 돈, 혹은 그로 인한 임팩트 이전에, 나눔이라는 사회를 변화시키고자 하는 적극적인 '행동'과 이를 실행하는 '사람들'을 모으고 확산하는 일, '사람과 참여의 변화'에 주목한 것이다.

아직도 종종 논의되는 '시민 없는 시민운동'이라는 시민사회의 화두를 바라본다. 박원순 변호사는 떠났지만, 그의 혜안과 노력은 여전히 살아남아 우리에게 말한다. 과거를 반복하지 말고, 새롭게 질문을 던지고 새로운 답을 모색하라고.

수혜자에서 기부자 중심으로
-나의 가장 작은 1%가 세상에서 가장 아름다운 1%

모든 것이 미리 잘 기획되고 계획대로 된 것만은 아니다. 박원순 변호사와 아름다운재단의 선배들은 시민단체와 활동가들을 돕기 위한 100개의 기금을 기획했다. 하지만 기업이나 권력을 감시하는 활동, 활동가들의 활동비, 생계비, 교육비를 위한 기금 등 어렵고 부담스러운 주제에 기부를 할 수 있는 문화적 여건은 마련되어 있지 않았다. 오히려 시민들은 아름다운 1%나눔이라는 것에 '아, 내가 나눌 수 있는 1%가 있구나.'라는 생각으로 호응을 시작했다.

큰 기업만이 돈 많은 부자만이 아니라 누구나 나눌 수 있는 것이 있다. 자신이 나눌 수 있는 가장 작은 것을 나누자는 운동, 1%나눔운동은 수혜자나 그 누군가가 아니라 나로부터 출발하자는 것으로 시민 없는 시민사회에서 시민 개개인을 호명하고 호출해준 것이다.

급여의 1%를 나누는 평범한 회사원부터, 수입의 1%를 나누는 구두닦이, 매출의 1%를 나누는 식당, 생활비의 1%를 나누는 주부, 용돈의 1%를 나누는 학생, 인세를 나누는 저자까지 다양한 자신만의 1%가 생겨나며 확산되어 갔다. 자신만의 1%를 나누는 시민들의 이야기는 소박한 자신의 일상과 나눔에 대한 철학을 보여주며, 시민 누구에게나 나만의 1%를 생각하게 하는 이야기들로 퍼져 나갔다. 이러한 수혜자가 아닌 기부자의 이야기들은 근 10여 년간 언론과 각종 미디어에서 쉼 없이 다루어지게 되었고, 아름다운재단을 넘어 다양한 비영리단체들의 회원과 기부자들의 이야기로도 퍼져 나갔다.

기부문화의 콘텐츠에 사회문제와 수혜자만 있던 시대에서 나누는 이유와 기부자의 콘텐츠로 전환되는 시대를 박원순 변호사와 아름다운재단이 열었던 것이다.

공익기금과 기업시민의 탄생

아름다운재단은 4명의 1%기부자로 출발한 작은 재단이었다. 아름다운재단을 인큐베이팅한 참여연대의 출연이 없었다면 조건부 법인설립도 허가도 어려웠을 것이다. 특정한 기업이나 자산가의 출연 없이 시민의 소액기부금들이 모여 설립된 아름다운재단은 해외의 지역재단Community Foundation을 모델로 설립되었다.

지역재단은 1914년 세금에 불만을 가진 부유한 기업가 록펠러가 클리블랜드 지역에서 기업과 자신이 설립한 록펠러 재단을 이끌고 다른 지역으로 이주하려 하자, 이로 인해 지역사회에 미칠 파급을 우려한 지역사람들에 의해 설립된 클리블랜드 지역재단을 첫 사례로 본다. 특정 개인이나 가족, 기업과 무관하게 지역사회의 다양한 인사들의 목적형 기금조성과 소액기부가 모여 만들어진 지역재단은 이후 미국뿐 아니라 세계적으로 확산되고 있다.

박원순 변호사는 아름다운재단이 이렇게 주인 없는 재단이자 참여하는 시민 모두가 주인인 재단, 시민과 함께 만들어가는 재단이 될 수 있도록 지역재단을 중요한 모델로 생각했다. 자산가들은 어렵게 별도의 재단법인을 만들어 운영하기보다, 자신이 이름 붙인 공익기금을 아름다운재단 내에 조성했다. 대단한 자산가가 아니더라도 자신의 가족이 함께 기금을 조성하고 기부를 지속하기 위한 방편으로 사람들, 혹은 먼저 떠난 가족을 추모하고, 생전의 그의 나눔철학을 기리고 살아 움직이게 하고자 하는 이들도 기금을 조성했다. 그들은 자신의 공익기금을 통해 자신의 나눔을 실천하는 한편, 가족들이 나눔을 지속해가는 가풍을 만들기를 원했다.

재단 안의 재단, 공익기금은 개인뿐 아니라 기업사회공헌활동이 건강하게 태동하고 확산되는 데 큰 기여를 하기도 했다. 아름다운재단이 설립되어 활동을 시작할 때만 하더라도 국내 대표기업인 삼성을 제외하고는 사회공헌활동이라는 것이 거의 존재하지도 않았고, 그저 연말 불우이웃돕기 시즌에 혹은 기업대표가 관련되어 있는 자선단체에 얼마를 기부하는 것이 기업의 나

2003년 서울공평아트센터
'나눔을 이야기하는 얼굴들 사진전'
오프닝 행사에서 관람객들에
인사하는 박원순 변호사

눔활동의 전부였다. 혹은 부의 불법적인 승계를 위한 방편으로 기업재단을 만들어 사실상 활동하지 않거나 생색내기 식의 활동만 하는 것이 일반적이었다. 박원순 변호사와 아름다운재단에서는 기업과 기업재단이 사회문제에 관심을 가지고 실질적으로 기여할 수 있도록 돕는 데 집중했다.

아름다운재단은 기부문화총서 1권《아름다운제휴, 기업과 시민사회가 만났을 때》라는 책을 펴내며, 해외의 다양한 기업사회공헌활동에 대해 조사하고 연구했다. 더불어 국내 기업정보들을 펼쳐놓고 해당기업이나 기업재단이 어떤 분야에서 어떤 사회공헌활동을 할 수 있는지, 조사하고 기획해서 그러한 의견을 전달해주는 데 힘썼다. 그러한 노력으로 다양한 기업들이 아름다운재단을 찾아와 기업기금을 조성하고 새롭게 기업사회공헌프로그램을 시작했음은 물론이고, 아름다운재단과 함께 하지 않더라도 사회공헌활동을 새롭게 시도하는 데 자양분과 촉매제가 되어주었다.

나눔은 과학이고 예술이다

박원순 변호사는 나눔과 관련된 것이라면 밤낮으로 틈틈이 조사하고 상상하는 일을 멈추지 않았다. 특히 한국사회에 새로운 문화를 만들어가기 위해서는 아름다운재단이라는 사례만 갖고서는 제한적일 수밖에 없다고 생각했다. 해외의 기부와 관련된 연구, 심포지엄, 각종 저널, 교육기관, 싱크탱크들을 보며 한국사회에서도 이러한 지식정보의 고양이 시민사회나 기업, 나아가 정부와 제도의 큰 변화도 가져올 수 있다고 생각했다.

아름다운재단 기부문화연구소는 상근연구원이 없는 네트워크 연구소 형태로 각 분야 전문가들의 자원봉사협업으로 구성되고 운영되었다. 적은 연구비에도 훌륭한 연구자들이 참여해 한 해는 개인기부에 대해서, 한 해는 기업기부에 대한 리서치와 각종 테마연구들을 발표하면서, 한국의 기부문화를 진단하고 나아갈 방향을 모색하고 제시하는 활동을 만들어갔다. 그렇게 시작된 아름다운재단 기부문화연구소의 대표연구인 'Giving Korea'는 최근 다양한 정부 및 민간 연구기관들의 연구발표 속에서도 한국의 대표적인 기부문화에 대한 연구물로 자리매김하며 기부문화의 변화를 견인하고 있다.

박원순 변호사와 아름다운재단이 모금이나 비영리 마케팅의 필요성과 고도화를 위해 모금학교나 관련 기부문화총서를 발간할 때만 하더라도 시민사회에서 모금은 활동 중 가장 끄트머리의 덜 중요한 일, 핵심활동가가 할 일이 아닌 것으로 치부되고 있었다. 또한 마케팅이라는 용어는 기업의 상업주의에 기반한 단어로 고결한 시민운동에는 어울리지 않는 것으로 배척되고 있었다. 박원순 변호사는 돈이 목적이 아니라 시민사회가 생각하는 중요한 사회문제를 일반시민에게 설득하고 공감을 만들기 위해서, 더 나아가 나눔이라는 방법으로 시민들이 사회변화라는 과정에 뛰어들도록 하기 위해서 이러한 전문성이 한국의 시민단체와 활동가들에게도 필요하다고 생각했다.

과학적인 통계와 분석에 기반한 정보들, 이러한 정보들을 기반으로 사회변화를 위해 사람을 감동시키고 설득하는 것, 그에게 나눔은 과학이고 예술이었다. 이제 오늘날 시민사회에서 기부문화연구나 모금, 비영리 마케팅은 중요한 한 분야를 담당하게 되었다.

유리알 같은 투명함과 공정성, 시민사회와 신뢰

박원순 변호사는 단돈 100원도 허투루 쓰이는 일이 없고, 단돈 100원도 어떻게 쓰이는지 떳떳하게 공개하는 것이 시민들의 신뢰를 얻는 일이라고 생각했다. 그래서 초기에는 아름다운재단의 회계장부 자체를 매월 홈페이지에 공개함은 물론, 이 회계장부에 박원순 변호사 본인을 비롯하여 활동가들의 급여도 모두 공개하였다. 개인정보의 문제도 있고, 또 급여를 공개함으로써 덜 받는 단체는 덜 받는 대로, 더 받는 단체는 더 받는 대로 아름다운재단을 기준으로 평가된다는 다른 단체들의 문제제기를 받고 개개인의 급여공개는 변경하였지만, 아름다운재단의 회계 공개는 시민사회의 투명성과 공정성의 향상을 위한 노력에 불을 붙였다.

이러한 공개자료는 10여 년 후 박원순 변호사가 아름다운재단을 그만두고 시장선거를 나가면서부터는 각종 우익단체들이 횡령 등으로 박원순 변호사와 아름다운재단을 고발하는 근거자료로 쓰이기도 했다. 이로 인해 참고인으로 검찰조사를 받으며 장부를 다시 확인할 수밖에 없었던 나는 단돈 1원도 새는 돈이 없다는 것을 확인하고는 박원순 변호사와 아름다운재단 선배 동료 활동가들의 노력에 감정이 복받치기도 했었다. 결국 3년에 걸쳐 수많은 서류를 조사한 검찰은 무혐의 처분을 내릴 수밖에 없었다. 그러나 그 긴 시간 동안 각종 음해와 고소고발에 시달린 박원순 변호사와 아름다운재단의 상처 난 신뢰에 대해 보상하거나 사과하는 이들은 없었다.

오늘날 가끔 일부 비영리단체들의 기부금 횡령에 대한 기사를 접하고, 이로 인해 시민들의 신뢰도 흔들리는 것을 느낀다. 하지만, 일반 영리부문에서의 횡령이나 사기와 비한다면, 비영리부문의 횡령이나 문제를 언론에서 과하게 다룬다는 생각을 지울 수 없다. 정부에서도 중구난방인 비영리단체들의 관리감독체계를 개선할 의지보다는 사건이 발생할 때마다 임시방편으로 비영리단체들에 짐만 전가하는 행정을 일삼고 있다.

물론 비영리단체들은 영리기업보다 훨씬 엄격한 윤리성이 요구되고, 회계 투명성을 넘어 업무와 활동에 있어서도 공정성과 투명성을 고도화한 책무성의 시대로 나아가야 한다. 지금 이 순간에도 비영리단체들은 열악한 업무환경 속에서도 시간과 인력과 자원을 쪼개서 그렇게 노력하고 있다.

박원순 변호사가 애썼던 투명성과 공정성, 그 노력은 시대변화 속에 고도화되겠지만, 지금처럼 기부문화에 대한 신뢰가 흔들리는 이때, 그가 살아서 혜안을 줄 수 있다면 얼마나 좋을까.

활동가란 무엇인가, 활동가 박원순의 초상

박원순 변호사는 누구 말처럼 앞뒤가 똑같은 사람이었다. 그는 돈을 따라 명성을 따라 움직이지 않았다. 그는 대기업의 CEO를 만나는 일이나 1%를 나누는 동네 구둣방의 구두닦이, 치킨집 사장님, 학생이나 혹은 문제제기를 하는 민원인을 만나는 일도 피하지 않았다. 그에게는 한 사람 한 사람이 사회를 구성하는 시민이고, 한 사람 한 사람이 세상을 바꾸는 중요한 시민이었다.

그는 평일에도 주말에도 쉬지 않았다. 잠 잘 시간도 늘 부족해서 회의시간에 꾸벅꾸벅 조는 일이 다반사였지만, 졸면서도 회의내용을 경청하고 기억해서 자기 의견을 이야기하는 데 훈련되어 있었다. 음주가무나 물건에도 관심이 없고, 취미도 없는 그에게 그나마 가끔 휴식이라면 등산이었다. 그나마 산행 중에도 사람을 만나서 일과 관련된 이야기를 나누거나 활동가들과 회의 아닌 회의를 하곤 했다. 늘 시간에 쫓겨 택시를 자주 탔지만, 시간을 맞출 수 있을 때는 대중교통을 이용하려 노력했고, 이동 중에도 무거운 노트북을 낡은 배낭에 챙겨 다니며 일하는 데 시간을 썼다.

일중독이라고도 이야기하지만, 본인에게는 더 나은 세상을 만들기 위해 어떤 활동을 어떻게 할까를 고민하는 것이 그의 일상이고 그의 즐거움이고 그의 전부였다. 틈틈이 고민하고 조사하고 생각한 바를 간사들과 회의하며 나눌 때, 그의 환한 미소는 세상에서 가장 행복한 사람의 것이었다. "여러분 이것 좀 보세요. 정말 재미있고 신날 것 같지 않나요?"

물론 그도 완벽한 사람은 아니었다. 자기 기대만큼 일이 빨리빨리 안 되면 활동가들이 본인과 다른 마음인 것 같아 토라지고 삐치기도 자주 했다. 금요일 밤이면 어서 나가서 데이트하고 주말에는 쉬라면서도, 주말에 당신이 일하러 나올 건데 누가 나오냐고 물어서 복장이 터진 적도 많았다. 아름다운재단 초기에는 누군가에게 기부를 제안하거나 요청하는 일도 낯설고 무안해서 끝내 할 말을 못 하고 돌아올 때도 많았다.

2002년 아름다운재단 가회동 사무실 2층 회의실,

아름다운재단 간사들과 회의하는 박원순 변호사

회의를 하며 화를 낼 때도 있고 활동가들을 원망할 때도 있었다. 하지만 그는 "여러분, 화내서 미안해요. 앞으로 안 그럴게요." 하고 사과할 줄 아는 사람이었다. 아무리 시민운동을 해온 사람이라지만 나이 50~60대의 남성이자 변호사, 게다가 사회에서 꽤 유명하고 권력을 가졌다고 평가될 수 있는 사람이 가지기 어려운 소탈함과 겸손함을 그는 가지고 있었다. 여러 인간적인 단점들에도 불구하고, 박원순과 함께 일해본 이들은 그의 진정성과 노력, 그리고 인간적인 소탈함을 알았기에 그를 미워하기 힘들었다.

함께 일했던 아름다운재단의 간사들은 그래서 함께 열심이었다. 그가 똑똑하거나 리더십이 뛰어나서가 아니라, 정말 세상을 변화시키는 일 하나만으로 점철된 삶을 살아가는 한 사람에 대해서 가질 수밖에 없는 예의였던 것 같다. 그를 통해 사회를 생각하고, 사람을 생각하고, 일이나 활동을 대하는 여러 면면에서의 아름다움을 느끼고 생각해볼 수 있었기 때문이리라 생각한다.

풍요로운 것만이 아름다운 것이 아니다. 정의롭게 풍요로운 사회, 앞만 보고 달려가는 사회가 아니라 함께 나누고 서로 돌보는 사회, 소외되거나 차별받는 고통이 없는 사회. 박원순 변호사는 아름다운재단과 함께 그러한 아름다움이 있는 세상을 꿈꿨다. 박원순 변호사가 아름다운재단의 시작부터 떠나는 그날까지 만들고자 했던 것은 하나의 성공한 큰 재단이 아니라 아름다운 사회를 만들기 위한 시민의 사회참여방법이요, 나눔운동이요, 기부문화였다.

올해로 아름다운재단은 20주년을 맞이했다. 대학을 갓 졸업한 20대 사회초년생으로 아름다운재단과 박원순 변호사를 만났던 나는 이제 40대 중반의 중년이 되었다. 20살을 맞은 청년 아름다운재단은 수많은 비영리단체와 활동가들을 지원하며 아름다움의 씨앗을 심고 가꾸는 일을 멈추지 않고 있다. 그가 내게 남긴 아름다움은 오늘의 행동이라는 새로운 씨앗이 되어 아름다운 세상을 향해 가는 길 위의 작은 들풀이 될 것이다.

그가 우리에게 남긴 아름다움은 아름다운재단과 수많은 사람들의 가슴에서 싹을 틔우고 살아 움직이며 모두를 위한 숲으로 자라날 것이다. 시민이 주인공이 되어 낙오하는 사람 없이 모두 함께, 정의롭게 풍요로운 세상에 다다를 때까지.

더 나은 세상을 위해 '매일 조금씩'

이강백(아시아공정무역네트워크 대표이사)

기억 하나, '매일 조금씩'

"세상에 가장 큰 비밀이 뭔지 알아요?"

10여 년 전쯤인가 박원순 시장이 나에게 물었다. 질문을 하고는 바로 스스로 답했다.

"그건 '매일 조금씩'이야."

어마어마한 비밀을 말할 것처럼 심각하게 이야기를 시작하더니 무슨 말을 하는 거야.

"한 번에 무언가를 이룬다는 건 거짓말이에요. 모든 성공은 '매일 조금씩' 하는데서 나와요."

지금도 나는 그가 말했던 '매일 조금씩'에 대해 생각하곤 한다. 나의 정체성이란 내가 반복하는 행동, 반복하는 말, 반복하는 생각이다. 매일 조금씩 반복하는 것, 그 자체가 나 자신이다. 매일 조금씩 책을 읽고, 매일 조금씩 글을 쓰고, 매일 조금씩 기도 하고, 매일 조금씩 질문하고, 매일 조금씩 산책하고, 매일 조금씩 좋은 일을 실천하는 것이 쌓여 큰 변화를 만든다.

나무든 풀이든 생명은 매일 조금씩 자란다. '매일 조금씩'은 세상의 비밀이기도 하고 자연의 비밀이기도 하다. '자연'이 스스로 진화하는 방식은 '매일 조금씩' 시도하고 실패하고 다시 시도하는 것이다. 그러다 임계점에서 변화가 분출하고 돌연변이가 등장한다.

《중용中庸》에서는 '매일 조금씩' 반복하는 것이 우주의 비밀이라고 한다.

"'매일 조금씩' 반복하는 것(성실)은 하늘의 도이고, '매일 조금씩'(성실) 노력하는 것은 인간의 도다." 誠者 天之道 誠之者 人之道

물론 공자도 '성실함이란 스스로 자기를 이루게 하고, 만물을 이루게 하는 원리'이자 우주의 본질이라고 말했다.

박원순은 재능이 뛰어난 사람은 아니었다. 스스로 이런 말을 했다.

"나는 머리가 나쁜 사람에 속해요. 어릴 때 아이큐 검사를 하잖아요. 그때 내 아이큐는 간신히 100을 넘는 정도였어요."

비록 재능이 부족한 사람일지라도 천재적인 재능을 가진 사람보다 더 위대해질 수 있는 비밀의 힘은 '매일 조금씩' 반복하는 것에 있다.

매일 조금씩 좋은 일을, 매일 조금씩 정성을 다해, 매일 조금씩 되풀이했던 사람, 그는 그렇게 살다가 우리 곁을 떠나갔다.

기억 둘, 더 나은 세상

"쓰레기 더미에 깨끗한 새 냉장고를 갖다 놓으면 그 냉장고도 쓰레기로 보입니다. 사물은 그 자체보다 주변과의 어울림에 의해 규정됩니다."

2002년 박원순 변호사가 아름다운가게를 창립하고 인테리어 콘셉트를 논의할 때 했던 이야기다.

"네가 아무리 깨끗해도 너의 이웃이 깨끗하지 않다면 개인적으로 아무리 깨끗하다 하더라도 그것은 아무것도 아니다."

이것은 간디의 말이다. 우리가 사는 세상이 쓰레기통이라면 나 혼자 아무리 깨끗하다 한들 나 역시 쓰레기가 된다. 이것이 우리가 세상을 깨끗하게 변화시켜야 하는 이유다.

더 나은 세상을 만드는 것은 우리에게 주어진 의무이자 권리이며 가장 중요한 책임이다. 박원순이 열망했던 것은 더 나은 세상, 더 나은 공동체였다. 그는 무슨 이유에선지 그런 책임감을 갖고 있었고, 함께 일하는 사람들에게 그걸 강요했다. 그는 열정과 노오력의 화신이었고 그걸 주변에도 강요하기로 악명이 높았다.

"세상이 이 지경으로 돌아가는데 나와 일하는 사람이 잠이

아름다운가게 창립총회에서

박원순 변호사와 이야기를 나누는 필자

와요? 잠이?"

나는 잠만 잘 오더라.

기억 셋, 새로운 대안 사회

영국의 경제학자이자 공정무역의 선구자인 로빈 머레이 교수는 《위험과 기회 Danger and Opportunity》라는 저서를 통해 유럽 내 새로운 사회적 경제의 가능성과 힘을 역설하였다. 나는 2015년 런던을 방문했을 때 로빈 머레이 교수를 만나 사회적 경제의 의미에 대해 질문하였다.

"사실 이 책에서 말하고자 한 바는 이미 새로운 경제가 만들어지고 있다는 것이다. 적어도 내가 보기엔 그렇다. 모든 다양한 종류의 힘들이 새로운 경제라는 가능성을 창조하기 위해 모여들고 있다. 20세기 중반은 포디즘(Fordism, 대량생산과 대량소비의 체제)에 의해 주도되었다. 포드 공장 안에서는 노동자들에게 민주주의가 주어지지 않았다. 하지만 지금 자본주의, 영리기업의 영역 안에서 새로운 힘들이 나타나고 있다. 한국의 박원순 시장은 이 새로운 힘의 정치적 대표이다. 문제는 가능성들이 무엇이냐는 것이다.

내가 보기에 우리에게는 두 가지가 필요하다. 하나는 우리가 창조적으로 우리 스스로를 재정비하는 것이고, 다른 하나는 우리와 같은 가치를 가진 사람들을 설득하는 것이다. 모든 운동은 자신의 힘만으로 성공할 수 없다. 작은 강이 모여 하나의 큰 흐름을 만들 듯이 큰 흐름을 만들어야 성공할 수 있다. 연대와 협력으로 다수파 연합을 만들어야 성공의 가능성이 생긴다. 우리는 이러한 가능성이 현실화될 수 있는 환상적인 시기에 살고 있는 것이다."

로빈 머레이 교수의 말처럼 박원순이라는 사람이 평생을 바쳐 했던 일은 대안적이고 다른 방식으로 작동하는 사회에 대한 것이었다. 검사로, 인권변호사로, 시민운동가로, 행정가로, 정치인으로 자신을 변화시키면서 새로운 방식의 대안을 만들어내고자 노력하고 도전했다. 대안을 만들어내기 위한 창조적 노력, 다양한 조직들을 서로 연결하는 네트워킹, 다양한 많은 분야에서 시도와 도전, 그리고 많은 성공을 만들었다. 우리는 그가 했던 다양한 시도와 성공의 결과물에 혜택을 입고 있다. 그가 이룬 업적은 마땅히 재평가되어야 한다.

기억 넷, 고마움

박원순 시장이 세상과 작별했다. 믿기지 않는다. 지하철을 타고 가는데 눈물이 계속 흘렀다. 50대의 중년이 계속 울고 있으면 이상하게 보이겠지만 마스크를 쓰고 있어 다행이었다.

문득 20여 년 전 그가 40대였을 때 지하철에서 겪었던 에피소드가 떠올랐다. 그는 젊어서 머리가 빠져 일찍 노안이 되었다. 여기서 노안은 '노화된 눈'이 아니라 '동안'의 반대말 '노안'이다. 머리카락이 없어서인지 그의 얼굴은 노련미가 있었다. 지하철을 타고 서 있는데 갑자기 앞에 앉아 계신 60대 할아버지가 벌떡 일어나 그에게 앉으시라고 했다. 괜찮다고 해도 하도 큰소리로 강권을 하니 창피해서 다른 칸으로 도망가고 싶은 심정이었지만 버티면 더 소란스러워질 것 같아서 할 수 없이 앉았다. 그는 앉아서 생각했다.

"내 머리가 좀 빠졌기로서니 그렇게 늙어 보이나?"

종로3가인가 내릴 즈음에 자리를 양보하신 어르신이 말씀하셨다.

"박원순 변호사님, 고생 많으시죠. 고맙습니다."

알고 보니 노안이라 자리를 양보한 건 아니었다. 세월이 흘러 그 노인이 하셨던 말씀을 다시 드린다. 고생 많으셨다. 그동안 너무 감사했다. 하염없이 눈물이 흐른다. 영욕을 뒤로 하고 그대 잘 가시라.

대한민국 1호 '프로 줍줍러' 원순 씨 이야기

김대호(前 아름다운가게 그린사업국장)

원순 씨는 아마도 대한민국 1호 '프로 줍줍러'일 것입니다. 지금으로부터 약 18년 전 원순 씨는 '아름다운가게'를 창립했습니다. 우리나라 최초의 '사회적 기업'이죠. 현재는 '사회적 기업'이 많지만 그때는 단어조차 생소하던 시절이에요. 많은 분들이 아시다시피 '아름다운가게'는 헌 물건을 수거해 재활용해서 팝니다. 수익금은 소외된 이웃들과 나누죠. 그러기 위해선 많은 양의 버려진 물건들을 '줍줍'해야 합니다. 그렇게 '프로 줍줍러' 원순 씨가 탄생했던 순간을 여러분과 나누고자 합니다.

기억 하나, "해보기는 했어?"

원순 씨는 틈날 때마다 배낭 메고 세계 탐방을 다녔어요. 놀러간 것은 아니고요. 공부하러 다녔어요. 그러던 중 영국 시민사회를 탐방했는데 그곳에서 '옥스팜OXFAM'을 방문했습니다. '옥스팜'은 세계 5대 NGO로 국제 사회에 상당한 영향력을 행사하는 단체입니다. 이곳을 방문한 원순 씨가 가장 인상 깊게 보았던 곳은 바로 '재활용 자선가게'였어요. 유럽 전역의 600개가 넘는 매장에서 헌 물건을 판다는 것, 그리고 그 수익금을 가난한 사람들에게 나누어준다는 것, 이것이 원순 씨에게 영감을 주었습니다. 원순 씨는 '바로 이거다' 생각했어요.

한국에 돌아오자마자 준비에 착수했지요. 그러나 많은 사람들이 말렸습니다.

"한국 사람들은 남이 쓰다 버린 것을 절대 돈 주고 사지 않아요!!"

많은 경영 전문가들도 말렸지요.

"이전까지 전국적으로 성공한 헌 물건 가게는 없어요!!"

그때 원순 씨가 그랬어요.

"해보기는 했어?"

기억 둘, 트럭에 탄 원순 씨

원순 씨는 작은 트럭을 구해왔어요. 원순 씨는 그곳에 탑승해 활동가들과 전국을 누비기 시작했어요. 눈에 불을 켜고 헌 물건들을 '줍줍'했지요. 그렇게 모은 물건으로 안국동에 첫 매장을 열었어요.

원순 씨는 디스플레이도 직접 했습니다. 밤을 새워가며 구두를 직접 닦아가며 준비한 매장은 오픈과 동시에 수많은 사람들이 몰렸지요. 그렇게 전국매장 100개, 연매출 300억 원, 연수익 나눔 40억 원의 '헌 물건 가게'가 됐어요.

아름다운가게 활동은 소나무 2천 7백만 그루를 심고 이산화탄소 CO_2 7만 6천 톤을 감축한 것과 같은 효과를 갖는다고 해요. 우리나라 최초의 '사회적 기업'이 그렇게 탄생했습니다.

기억 셋, 브랜딩의 황제, 고물을 보물로

원순 씨는 입버릇처럼 말했어요.

"헌 물건 가게라고 해서 매장이 지저분하면 절대 안 된다."

"헌 물건을 팔 것 같지 않은 헌 물건 가게를 만들어라."

처음에 무슨 소리인지 몰랐어요. 어떻게 헌 물건을 팔면서 그렇지 않을 것 같은 매장을 만들라는 건지. 그러나 원순 씨의 '혜안'은 정확했어요. 매장 SI부터 브랜드 CI까지 실무자들은 최선의 노력을 다해 만들었지요. 많은 전문가들의 도움도 받았어요. 뭐든 대충 하는 법이 없었지요.

기증함 디자인도 심혈을 기울였어요. 지자체를 방문해 보니 헌 물건 기증함에 헌 물건이 아닌 '쓰레기'가 가득 담기는 문제가 있었어요. 우리는 디자인에 문제가 있다고 봤어요. 얼핏 보면 쓰레기통 같은 느낌이었거든요. 소중한 물건을 기증 받듯 담는 그릇도 예쁘고 아름다워야 한다고 생각했어요. 이후 소중한 추억들과 사연이 담긴 물건들이 들어오기 시작했어요. '고물'이 '보물'이 되는 순간이었죠. 원순 씨가 우리에게 심어준 'DNA'였어요.

기억 넷, 원순 씨의 아름다운 가치 사전

그전까지 '재활용가게'는 그냥 '중고매장', '○○재활용가게' 이런 이름들이 많았어요. 물건을 모아두는 센터에는 특별한 이름조차 없었죠. 그러나 원순 씨는 이름 짓는 것도 신중하게 지었어요. 뭐든 '가치'를 담아야 한다고 봤죠.

매장 – 아름다운가게

센터 – 그물코 센터(세상을 촘촘히 연결한다는 의미),

(물건을 되살린다는 의미)

자원봉사자 – 활동천사

이런 이름들이 그렇게 탄생했어요. 이제 브랜딩의 기본이 된 사례가 됐죠. 사람들은 어떻게 정체성을 규정하느냐에 따라 다르게 행동해요. 행동경제학 연구에서 이미 많은 증명이 이루어지고 있죠. 그냥 재활용 센터라고 명명하면 재활용 센터 직원이지만 '되살림터'라 명명하면 물건을 '되살리는' 사람이 돼요. 자부심과 효능감이 올라가요. 당연히 업무 만족도와 능력도 상승합니다. 가치 브랜딩은 현재 마케팅의 주류이자 기본이 됐어요. 20년 전 이미 원순 씨는 그것을 알고 있었어요.

기억 다섯, 디테일 끝판왕
- 실무자보다 실무를 잘 아는 리더

원순 씨는 동네 아저씨처럼 유순해 보이지만 일과 관련해서는 사실 너무나 무서운 사람이었어요. 그 덕에 팀장들은 원순 씨와 집중회의라도 잡히는 날이면 밤을 새워야 했어요. 놀랍게도 원순 씨는 실무를 실무자보다 더 잘 알고 있어요. 아주 세세한 디테일조차 놓치지 않았어요. 다른 오너들처럼 큰 방향만 이야기하는 것이 아니라 정말 세세하게 꼼꼼히 체크하셨죠. 종종 불만을 터트리는 실무자도 있었지만 돌이켜 보니 그게 성장에 큰 도움이 됐어요.

지금 생각해 보니 당신 없이 꾸려나갈 미래를 생각했던 것 같아요. 그때 이미 조직은 무섭게 성장하고 있었고 원순 씨는 우리 사회를 위해 또 다른 도전을 준비하고 있었거든요. 마음이 불편하셨던지 원순 씨가 항공기에서 순식간에 써내려간 36장의 '비상 2004'는 아직도 우리 기억에 생생해요. 또한 그 디테일에 한 번 더 놀라게 되요. 그 내용을 일부 공개합니다.

원순 씨가 쓴 비상 2004

• 2005년 우리가 가져야 할 태도

1. 다시 친절이다.

2. 공부 또 공부다.

3. 첫째도 시스템, 둘째도 시스템이다.

이하 중략

• 각 팀별로 준비해야 하는 내용

* 기증사업국 일부 내용

3-1 아무리 사소한 물건도 눈여겨보아라.

- 내다 버리는 물건도 자세히 보면 돈이 된다.

- 도쿄 시부야 부근의 도큐핸즈 백화점에는 자른 고목나무, 허름한 나뭇가지를 모아 인테리어 재료로 판다.

- 무엇이라도 혹시 생각을 바꾸면 작품이 되는 것들이 없는지 오며 가며 보아라.

3-2 교도소에서 만드는 물건은 없는가.

-교도소의 재소자들이 만드는 공예품이 없는지 찾아보자.

3-3 미군부대에서 나오는 물건을 찾아보자.

- 미군부대와 함께 아름다운토요일을

- 미군부내 내에 있는 Second-Hand Shop으로부터 특별한 행사를

3-4 장애인 단체들이 만드는 물건은 없는가.

- 장애인 단체를 가운데에서 검증된 단체들의 질 높은 공예품을 팔아주자.

- 장애인 가운데 예술가로서 이름이 있는 분의 물건을 팔아서 전해주자.

이하 중략

* 판매사업국 일부 내용

2-1 가게의 특성에 맞는 전시방법을 찾아라.

(1) 일본 동키호테의 경우

- 이름이 상징하듯 완전히 동키호테 식으로 전시한다.

- 정글에서 물건을 찾아내는 것처럼 정글 분위기를 만든다. 음악이나 부착 게시물, 청정에서 내려뜨린 선전물 모두가 그 분위기를 맞춘다.

(2) 우리도, 현재까지 잘하고 있다.

- 홍대점, 서초점 등에서 가게의 특성을 살려
  전시공간을 잘 만들었다.

- 그러나 구체적으로 보면 개선의 여지가 많다.

2-2 특정 물건을 가장 잘 전시할 수 있는 도구를 찾아라.

- 몇 가지 Check-Point

- 기상천외한 도구를 만들어내자.

- 넥타이를 걸어둘 넥타이 전용 행거는 있는가.

- 가방 안에는 모양을 세워줄 안마개(못쓰는 종이들)를
  가지고 있는가.

- 혁대를 걸어둘 걸맞은 행거는 있는가.

- 귀걸이나 목걸이 등을 잘 돋보이게 하는 전시대는 있는가.

- 프라이팬을 줄줄이 걸어둘 사슬이 있다면?

2-3 벽과 천정의 빈틈을 찾아라.

- 너무 다닥다닥 느낌을 주는 것을 물론 피하자.
  천정을 무시하지 말라.

- 하늘에서 내려오는 천으로 무언가 주장하라.

- 하늘은 비어있으니 그곳을 전시공간으로 활용하라.

벽은 눈에 가장 잘 뜨이는 곳이다.

- 벽을 가만히 놓아두지 말자

이하 중략

기억 여섯, 우리들의 영원한 상임이사

원순 씨가 돌아가신 후 전화 한 통을 받았어요. 아름다운가게 활동가분이 전화를 주셨어요. 인원 제한으로 장지까지 올 수 없는 활동가 분들이 가시는 길에 인사를 드리고 싶다는 전화였어요. 원순 씨와의 추억이 있는 안국동을 지날 때 단체로 모여 인사를 드리겠다고 했어요. 그마저도 시간이 없어 결국 성사되지 못했지만…. 원순 씨가 가시는 길을 그토록 아쉬워하는 분들이 많았어요. 그분들이 끝 말씀을 이렇게 전해왔어요.

"원순 씨, 당신은 우리들의 영원한 '상임이사'입니다."

마지막, 7월 13일 원순 씨를 보내며…

원순 씨 편히 쉬고 계시나요? 이제 서울시장 아니시니 평소 불러 달라고 했던 대로 원순 씨라 부를게요. 원순 씨는 참 나쁩니다. 가실 때에도 온통 일만 시키고 가시네요. 허울뿐인 장례위원이라 5일간 파김치가 되도록 뛰었네요. 안내를 하고 손님을 맞고 장지로 이동하는 250명의 물자를 맞추기 위해 밤늦도록 비를 맞으며 뛰어야 했습니다.

명색이 서울시장 장례인데 스태프들은 왜 이렇게 적나요?

원순 씨가 돌아가신 후 바로 해고 통보된 비서진 몇 명만 영혼이 나간 채 죽도록 일하고 있더라고요. 서울시 직원이 그토록 많은데…. 권력의 무상함을 느껴 씁쓸했습니다. 손이 모자라 심지어 제가 문서 작업도 해야 했어요. 그 덕에 매일 아침 쌍코피를 터트렸답니다.

돈도 지원이 안 되어 제 돈으로 스태프들 밥 먹이고 조문객들 차 대접해 드리고 그랬네요. 필요한 비품도 제가 직접 사서 챙겼습니다. 이거 어떻게 다 갚으실 거예요? 아 맞다, 원순 씨는 저보다도 돈이 없으시죠. 저도 돈이 없지만 저보다 더 없는 사람 원순 씨가 처음이에요. 제가 그냥 기부한 셈 치겠습니다.

울고 있을 시간도 없었어요. 늦은 저녁 집에 돌아간 후에야 맘 놓고 울 수 있었습니다. 평생 흘릴 눈물 용량을 5일간 다 채워냈네요.

새벽까지 일할 때면 원순 씨가 문자를 보내셨지요.

"김대호 잘한다."

"김대호 화이팅!"

"대단하다 김대호."

이런 문자도 이제 안 주실 거잖아요? 간혹 공관으로 불러 차 한 잔 하며 담소 나누고 돌아갈 때마다 부엌을 뒤져 먹을거리 싸주셨잖아요. 그러면서 "허허 내가 줄 게 이것밖에 없네." 하시던 모습이 기억나네요. 근데 그마저도 이제 안 해주실 거잖아요?

그러고 보니 원순 씨와 단 한 번도 사적인 대화를 나눠본 적이 없네요. 매일 일 이야기만 하셨죠. 사실 저는 '느그 아부지 뭐하시노?" 원순 씨가 물으면 울 아버지가 원순 씨와 고등학교 동문임을 자랑하며 어떻게든 비벼볼 생각이었거든요. 저의 경제상황은 어떤지, 가족은 몇인지조차 단 한 번도 묻지 않으셨죠…. 내심 서운하기도 했지만 사실 안심했습니다. 적어도 이분은 사적 의리와 공공의 정의를 맞바꾸어 먹을 분은 아니구나, 생각했으니까요.

그러나 돌이켜 보면 많은 것을 받았네요. 20대 청년시절 당신과 일해보고 싶은 욕심에 아름다운가게를 들어간 후 40대 중년에 이르도록 여러 단체 조직에서 당신의 발자취를 따라갔네요. 이제 보니 원순 씨가 갈아놓은 밭에 꿈이라는 꽃을 심고 살았습니다. 당신께서 없었다면 지금 제 삶도 없었겠지요….

그래서 지금 이 순간 인생이 무너져 내리는 마음도 들지만 그래도 길을 가야 하기에 어떻게든 살아보려 합니다. 인생은 희극과 비극 속 그 어딘가에 빠진 미궁 같다는 생각이 들어요. 지금은 당신을 장지에 모시고 돌아가는 버스 안이에요. 저도 이제 집에 가서 시원한 맥주 한잔 마시고 미뤄둔 잠이나 실컷 자야겠습니다.

지지율 폭락할 때마다 저한테 그러셨죠. "대호 씨, 난 왜 이리 인기가 없지? 허허허." 네… 지금도 여전히 인기는 없으시네요…. 인기와는 거리가 먼 당신… 어차피 원순 씨가 많은 좋은 정책을 집행하고, 약자들을 위해 싸울 때조차 원순 씨 기사에는 늘 악플 천지였어요. 그때도 당신을 응원해준 사람 별로 없었잖아요.

많이 외로우시고… 많이 서운하셨겠죠… 그러니 댓글 그만 읽으시고… 상처 그만 받으시고… 평생 죽도록 일만 하셨으니, 이제 부디 편히 쉬세요!!!

끝으로 원순 씨와 함께 했던 그 모든 순간 희열이었고 기쁨이었고 영광이었습니다.

5장

소설 디자이너를 꿈꾼 시민운동가 - 희망제작소 시절

박원순과 함께한 희망제작소 6년

윤석인(희망제작소 부이사장)

그의 기억을 소환하며

“지금 양평에 본부를 이전하는 계획과 괴산에 농촌희망청을 개청하는 프로젝트가 진행되고 있습니다. …그런데 그냥 담당자 한 명이 씨름하게 해서는 안 되는 법이지요. …농촌희망청에는 A씨를 더 붙이면 어떨까 하는 의견을 B씨에게 전달했습니다만, 본부 이전의 경우도 설계전문가나 건축전문가 등도 좀 붙고 해서 본격적으로 추진되어야 한다고 봅니다. …오늘 양평 출발 전에 계획서를 제출해주셨으면 합니다.”

(희망제작소 사옥 이전 관련, 2008. 7. 4. 오전 7:26)

“저는 경과 보고서를 보고 대단히 실망했습니다. 우선 이것이 언제 일인데 이제 와서야, …도대체 이런 엉성한 보고서가 어찌 나올 수 있습니까? 센터장님은 이를 검토하거나 그동안 점검

한 적이 없다는 것입니까? …나는 ○○○가 대단히 중요하다고 생각하고 있고 엄청 힘을 쏟았다고 생각합니다. 1단계가 이루어졌고 이번에 새롭게 하는 마당에 2단계의 업그레이드가 이루어지고 이제 완전히 연구원들의 불만이나 불편이 해소되는 결과를 가져왔으면 합니다. …좀 더 정확한 보고서를 써주세요."

(○○○시스템 관련, 2008. 11. 19. 오전 12:23)

"사실 '희망제작소'란 이름을 잘 지은 건지 못 지은 건지 잘 모르겠습니다만, …하루는 인근의 식당 아주머니가 찾아오셔서 아주 심각한 얼굴로 '싱크대 제작하는 곳이냐?'고 하셔서 당황한 적이 있습니다.(웃음) 그래도 많은 사람이 진정으로 희망을 제작해달라는 요청들을 많이 하십니다. 그래서 제 방 끝에 희망으로 들어가는 문을 하나 만들어놨습니다. 여러분 들어가 보실래요? 자, 문을 열겠습니다.(문 여는 흉내) 그러곤 '뭐가 보이세요?'라고 묻습니다. 제가 그 문 안에 큰 거울을 달아놨지요. 어떤 사람들은 '거울이 보인다'고 해요. 그런데 거울에 자기 얼굴이 비치죠. 거울에 비친 그분이 바로 희망인 것입니다. 어찌 보면 희망제작의 책임을 떠넘기는 기계장치입니다.(웃음)"

(2011년 3월 창립 5주년 기념 컨퍼런스 '인사말'에서)

박원순에 대한 기억을 소환하기 위해 희망제작소 이메일 계정과 홈페이지에 들어가 자료를 뒤적였다. 그가 한밤중이나 이른 아침에 보낸 이메일이 유난히 많다는 걸 새삼 발견한다. '하루 25시간 일하던' 그의 열정이 다시 느껴진다. 2011년 3월의 인사말은 그가 희망제작소를 떠나기 몇 달 전에 한 말이다. 상임 소장에게 중요한 권한을 내주고 한발 물러나 있을 때였고 국정원 소송 등으로 심신이 편치 않았을 텐데도, 희망제작소 5년을 '비판적으로 평가'해달라고 모셔온 컨퍼런스 패널과 청중들 앞에서 애써 여유를 잃지 않고 있다.

희망제작소 초기 6년의 역사를 돌아보다

희망제작소는 2006년 3월 '독립적인 민간 싱크탱크'를 자임하며 출범했다. 창립선언문에 "사회를 통찰하고 아름다운 미래를 설계해야 한다는 요구에 응답하고자… (중략) …실사구시의 '21세기 실학운동'을 펼치겠다."고 밝히고, '2020 희망 대한민국, 100가지 희망 만들기'란 이름으로 50여 개 연구과제를 제시했다. 박원순은 이보다 앞서 2005년 여름부터 희망제작소 설립을 기획·준비했으므로 2011년 9월 서울시장 출마를 위해 떠날 때까지 꼬박 6년간 희망제작소 설립자이자 상임이사로 복무했다.

박원순의 희망제작소 6년은 그리 순탄치 않았다. 2008년 여름까지 초기 2년 반은 숨 돌릴 틈도 없이 내달리며 조직을 키웠지만, 이후 3년은 안팎의 여러 요인으로 고생을 많이 했다. 초기 2년 반의 희망제작소는 그의 자랑대로 '24시간 불이 꺼지지 않는 곳'이었다. 그는 끊임없이 연구 및 사업 프로젝트들을 쏟아냈고, 연구(위)원들은 그에 부응하느라 밤낮없이 일했다. 사업이 계속 늘어나면서 인력도 증가해, 출범 당시 20명이었던 상근직 연구(위)원 수는 2006년 말 46명, 2007년 말에는 무려 89명으로 늘어났다.

사회창안Social Invention ·뿌리(지역의제)·공공문화·대안(국가의제) 등 4개 센터 중심으로 출범한 조직도 계속 커져, 기획실(1,2,3팀), 교육센터, 시니어사회공헌센터, 소기업발전소 등이 만들어지고, 센터 부설 연구소들이 속속 설립됐다. 부설 연구소는 전문가인 연구소장(비상임)과 운영위원회, 상근직 연구원 1~2명으로 구성되었는데, 뿌리센터에는 조례연구소, 농촌희망본부, 주민참여클리닉, 공공문화센터에는 간판문화연구소, 도시공간연구소, 한강연구소, 대안센터에는 자치재정연구소, 재난관리연구소, 땅과집연구소 등이 앞서거니 뒤서거니 설립되었다.

또 2006년 말부터 행정자치부와 협의해 프레스센터 1층에 '지역홍보센터'를 개설, 운영했다. 해외지부도 설립했다. 2007년 일본희망제작소를 도쿄에 개설하였고, 미국과 영국, 독일 등에도 박사급 객원연구위원들을 위촉해 지부 건설을 위한 전문가 네트워크를 구축했다.

당연히 초기 2년 반의 성과는 괄목할 만했다. '우리시대 희망찾기' 시리즈 9권과 외국의 선진 싱크탱크 방문보고서, '인수위 67일이 정권 5년보다 크다' 등 다수의 연구보고서와 번역서, 각종 심포지엄과 컨퍼런스 보고서들을 출간했다.

2006년 6월 민선 4기 자치단체장 당선인 34명과 함께한 시장학교Mayor's Academy도 상당한 성과를 거두었다. 전문직 은퇴(예정)자들을 NGO-NPO로 연결하는 행복설계아카데미와 SDS Social Designer's School 등 사회혁신 인재들을 양성하는 교육프로그램들도 큰 호응을 얻었다. 사회창안센터의 '임산부 배려 캠페인'(보건복지부), '와글와글포럼', 뿌리센터의 '내 고장 희망찾기' 언론캠페인(《중앙일보》) 등도 주목을 받았다. 특히 2007년부터 전북 완주군과 함께 커뮤니티비즈니스CB를 매개로 로컬푸드와 귀향·귀촌 등을 엮어 지역경제의 선순환 발전 모델을 만들어낸 것은 매우 소중한 성과였다.

하지만 2008년 봄 충남도가 연구용역보고서의 형식(PPT)과 품질 등에 대해 문제를 제기하고 희망제작소 내부 연구원들도 확장 일변도의 사업전략과 조직운영 방식에 이의를 제기하면서 상임이사 박원순의 역할은 변화하기 시작한다. '성장통TFT'가 그해 여름 꾸려지고, 그 결과 상임이사 의존도는 줄이고 부소장단과 센터·부서장의 권한은 늘어났다. '선택과 집중' 원칙에 따

2010년 9월 서울 문학의 집에서 열린 '제1회 아시아 NGO 이노베이션 서미트'(1st Asia NGO Innovation Summit, ANIS 2010)에서 기조연설을 하는 박원순 희망제작소 상임이사

라 일부 사업을 통폐합하고 조직도 부분 개편했다. 상황은 그해 말 미국발 금융위기가 엄습하면서 더욱 악화된다. 창립 초기 기업후원금에 의존하던 재정이 이명박 정부 출범 뒤 크게 흔들렸는데, 다시 금융위기로 결정적 타격을 입은 것이다.

희망제작소는 결국 2009년 초 비상경영위원회를 구성하고, 임대료 절감을 위해 사무실을 종로구 수송동에서 평창동으로 이전한 뒤 전면적인 사업 축소조정과 인력 감축을 단행한다. 대안센터와 모든 부설 연구소를 폐지 또는 활동 정지시키고, 연구인력은 절반으로 감축한 것이다. 이 과정에서 상임이사의 권한도 대폭 축소했다. 창립 이후 처음으로 상임 소장을 임명하고, 소장이 상임이사 대신 주간부서장회의를 주관해 주요 의사결정의 주체가 되도록 바꾼 것이다.

국정원 소송도 이즈음 시작됐다. 2009년 6월 박원순이 〈위클리 경향〉과의 인터뷰에서 '국정원의 민간사찰'을 언급한 뒤 파문이 계속되자 국정원이 9월 2억 원의 손해배상 소송을 제기한 것이다. 소송은 이듬해 10월 국정원의 패소로 마무리되지만, 박원순 개인과 그 가족은 심적·물적으로 큰 타격을 입을 수밖에 없었다. 공직자 재산등록 때마다 화제가 된 '채무 6억여 원'도 대부분 이 시기에 쌓인 것으로 나는 추정한다.

하루 25시간 일하는 울트라 일벌레

나는 〈한겨레신문〉에 재직하던 2005년 11월 희망제작소 설립 인터넷 기사를 보고 박원순을 찾아가 면담한 뒤 합류를 결정했다. 그리고 그의 요청으로 며칠 뒤 연구(위)원 응모자 면접·심사위원으로 참여했는데, 그때 초기 기획 및 조력자인 김광식(전 부소장), 이지훈(전 뿌리센터장) 등을 만났다. 그 뒤 박원순과 함께한 6년은 참으로 색다른 것이었다. 보람도 있었지만, 힘든 기억들도 적지 않았다.

그와 함께한 6년을 한두 마디로 정리하기는 쉽지 않다. 같은 경험을 했더라도 서로 다르게 추억하는 분들도 있을 터이니 사뭇 조심스럽다. 하여, 비슷한 연배의 김광식, 이지훈, 위평량, 유창주, 정성원 등과 함께 고민했던 바들을 상기하면서 몇 가지만 담담하게 기억해보고자 한다.

창립 초기 2년 반의 기억은 '속도조절 실패', 이 한마디로 요약된다. 끝도 없이 밀어붙이는 박원순의 초고속 사업 확장을 제어하거나 조절해주지 못했다는 아쉬움이다. 나 자신도 제법 소문난 '일벌레'였지만, '하루 25시간 일하는 울트라ultra 일벌레'의 강단과 추진력 앞에선 속수무책이었다. 간혹 무리한 기획이다 싶어서 안 된다고 반대하면, "제가 하면 됩니다. 아름다운재단, 아름다운가게 만들 때도 모두 안 된다고 했지만 결국 제가 해냈습니다."라는 답변이 되돌아왔다.

내부의 노력만으로는 감당할 수 없어서 김창국 초대 이사장과 조용환 감사, 그의 절친 조희연 교수 등을 찾아가 도움을 청하기도 했지만 별 소용이 없었다. "박원순 속도조절위원회가 절실히 필요합니다. 이대로 계속 달리기만 하면 언젠가 걸려 넘어집니다." "안에 있는 당신들이 못하는 일을 바깥에 있는 우리가 어떻게 해결해줄 수 있습니까? 더 열심히 해보세요."

박원순은 자주 사무실에서 잠을 잤다. 밤늦게까지 일을 하다 책상 옆 좁은 공간에 간이식 침대를 펴고 새우잠을 자곤 했다. 나도 새벽같이 일찍 출근하는 스타일이었는데, 막 일어나 화장실에서 양치질하는 그를 마주치면 늘 잔소리를 했다. 건강이 가장 중요하니 사무실에서 주무시면 안 된다고.

하루는 "어제 사모님과 싸우셨어요? 집에서 쫓겨나신 거 아니에요?"라고 농을 걸었다. 그로부터 얼마 뒤, 사무실에 예상치 않은 일이 생겨 집으로 전화를 했다. "기다리지 말고 먼저 주무세요." 그 모습을 지켜본 박원순이 일격을 가했다. "아직도 집에서 부소장님 포기 안 하셨어요? 집에서 포기하게 만드는 법, 제가 가르쳐줄까요?"

그는 시속 100km로 앞장서 달리면서 시속 10~20km로 터덕대며 뒤따라오는 연구(위)원들을 '집중회의'를 통해 직접 가르치며 끌고 나갔다. 그에게 집중회의란 혹독한 조련의 과정이었다. 특정 주제나 과제에 대해 연구원들이 먼저 자료들을 조사해 연구·사업계획(안)을 발표하게 한 뒤, 자신이 상세한 '핀셋 코칭'으로 정밀하게 보완해주었다. 집중회의에선 그의 날카로운 질책이 쏟아지기 일쑤여서 연구원들은 몹시 힘들어했다. 하지만 그런 '혹독한 조련'을 거치며 연구원들의 역량도 조금씩 발전하였다. 희망제작소에 몸담았던 후배들이 다른 기관이나 단체에서 '일 잘한다'는 평가를 받을 때마다 나는 늘 박원순의 혹독한 조련 덕이려니 생각했다.

그는 자신에게도 가혹했다. 1년에도 몇 번씩 국제 컨퍼런스나 선진지 견학 등을 위해 해외여행을 다녔는데, 인천공항에 내리면 집으로 가지 않고 곧장 사무실로 돌아와 밤늦게까지 일을 했다. 후배들이 건강을 걱정하면 "이렇게 몸을 힘들게 해야 시차를 빨리 극복한다."라고 말하며 웃었다. 지리산 종주도 마찬가지였다. 내가 보기에 그는 산을 그리 잘 타는 편이 아니었다. 그런데도 매년 여름과 겨울, 거르지 않고 지리산 종주 산행을 다녔다. "발톱 10개를 다 지리산에 상납했다."라는 말을 '자랑'처럼 했는데, 그 또한 힘들게 걷고 되돌아보며 다지는 '자기 조련'의 과정 아니었을까 싶다.

외로운 승부사

후기 3년, 특히 2009년 6월 이후의 기억은 좀 흐릿하다. 비상경영위원장을 맡아 조직 축소개편을 단행할 때 나 자신도 사의를 밝혔고, 그 뒤 반半상근 부소장으로 한발 비켜나 있었기 때문이다. 하지만 그의 '외로운 승부사'의 모습은 선명한 기억으로 남아 있다.

2008년 이명박 정부 출범과 미국발 금융위기 등으로 기업 후원금이 거의 사라지자 희망제작소는 재정난 타개를 위해 '후원회원 확장' 전략을 택한다. 그러나 젊은 연구원들은 물론 센터·부서장들도 그리 적극성을 보이지 않았다. 거의 유일하게 박원순만이 최선을 다해 후원회원을 끌어모았다. 참여연대 시절부터 축적해온 인명록을 뒤지며 전화하고, 전국 어디든 강의·강연 요청이 들어오면 달려가 참가자들에게 후원회원 신청서를 내놓았다.

그의 눈물겨운 노력으로, 희망제작소는 2010년 말 마침내 일반 후원회원 6,300명을 돌파한다. 1004(천사)클럽 등 고액 후원회원까지 합하면 7천 명 가까운 후원회원을 2년 만에 모아낸 것이다. 후원금액은 2008년 1억 9천만 원에서 2010년 13억 6천만 원으로 7배 이상 늘어나, 연간 재정의 40%를 충당하게 된다. 비상경영위원회의 결정으로 한발 물러나야 했음에도 희망제작소의 '지속가능한 재정'을 위해 외롭게 분투한 것이다.

2010년은 그가 또 하나의 주춧돌을 놓은 해로 기억한다. 신년 초 그는 불쑥 영국 런던으로 6개월 연수를 떠나겠다고 말했다. 숙소도 이미 정했다면서 예매한 항공권을 보여줬다. 나는 그가 왜 이러는지 이해가 갔다. 그해 6월 지방선거를 앞두고 시민사회단체 활동가 130여 명이 2009년 가을 '희망과 대안'을 조직했는데, 그가 서울시장후보로 나서주길 바라는 사람들이 있었다. 요컨대 이런 부담스러운 상황을 피하고자 런던행을 선택한 것이다.

하지만 나는 강력히 반대했다. 주위의 요구에 떠밀려 출마하는 것도 바람직하지 않지만, 중요한 선거 기간에 도피성 외유를 떠나는 것은 더더욱 안 된다고 주장했다. 당장 연수를 취소하기 어려우면, 기간이라도 대폭 줄여야 한다고 설득했다. 그는 망설였지만, 결국 한달 보름 만에 연수를 마치고 귀국했다. 그리고 희망제작소 상임이사로서 전국을 돌며 자치단체장 후보 60여 명을 만나 '희망후보' 정책협약을 맺고 지원 활동을 펼쳤다. 그리고 9월, 그렇게 당선한 분들을 모시고 희망제작소의 새 기둥 '목민관클럽'을 결성했다.

온몸을 던져 사회혁신을 위해 살다

희망제작소 6년의 박원순은 우리 사회의 혁신을 위해 온몸으로 헌신한 '소셜 디자이너'였다. 사회혁신의 아이디어는 상당수 외국을 여행·연수하며 직접 보고 느낀 것들을 촘촘히 메모하며 벤치마킹한 것이었다. 2006년 가을쯤인가, 전체 연구원들이 글로벌 전략컨설팅 회사 '맥킨지'를 방문했다. 그날 우리는 맥킨지가 축적해온 방대한 양의 연구·컨설팅 보고서들을 보고 부러워하며, 보고서 작성과 활용, 체계적인 관리와 보안시스템 등을 배우고 돌아왔다.

그런데 박원순은 하나 더 배운 게 있었다. 맥킨지에선 모든 구성원이 서로를 직책 대신 그냥 '~씨'로 부른다는 서울법인 대표의 말에 꽂힌 것이다. 그는 곧바로 희망제작소에서도 모두 호칭을 '~씨'로 부르자고 제안했다. 나는 반대했다. 조직 운영에서 수평적 관계만을 강조하면 안 되고, 수평적·수직적 관계의 조화와 균형이 더 중요하다고 반론했다. 그러나 그는 아랑곳하지 않았다. 만나는 사람마다 '원순 씨' 호칭이 어떠냐고 물으며 계속 유혹했다. 서울시장 재직 시절, 공무원들 귀에 너무 신기하게 들렸다는 '원순 씨' 호칭은 그렇게 탄생했다.

그렇게 박원순을 실사구시의 아이디어맨으로 키워낸 분은 그를 인권변호사의 길로 안내하고 조련했던 조영래 변호사(1990년

12월 사망)였다고 한다.

"1990년 10월쯤 서울대병원으로 형님(조영래) 문병 갔을 때, 이제 외국도 많이 다녀보고 공부도 깊이 해보라. 앞으로 한국에 여러 사회문제가 등장할 것이고, 시민운동이 중요해질 테니 외국 시민사회의 경험들을 잘 살펴보라고 당부하셨다. 형님이 돌아가신 뒤 그 말씀이 자꾸 떠올라서 하던 일 정리하고 영국으로 공부하러 갔다."

조영래 변호사의 부인 이옥경 선생(現 〈내일신문〉 편집인)이 희망제작소 창립 즈음에 박원순에게 들었다며 전해준 기억이다.

2011년 박원순이 서울시장에 당선한 뒤 나는 희망제작소에 복귀해 제2대 소장을 맡았다. 그리고 "더 나은 내일을 위해 다시 호랑이의 눈으로 바라보며 소처럼 뚜벅뚜벅 걸어 나가자."고 연구원들에게 다짐했다. 2006년 1월 희망제작소에 합류한 뒤부터 유난히 자주 인용한 호시우보虎視牛步, 호랑이 등에 업혀 내달리기만 하지 말고, 더디더라도 다지면서 함께 가자고 했던 말이다. 그리고 지금 다시 떠올려본다. "미쳐야 산다." "과로사가 희망이다." 온몸을 던져 극기봉공克己奉公의 삶을 살았던 그가 후배들을 독려하며 자주 했던 그 말들을….

그 사람 박원순

유시주(희망제작소 이사)

참여를 청請하는 선량한 얼굴

나는 2005년 12월 객원연구위원으로 희망제작소에 발을 디뎠다가 상근 연구위원과 부소장을 거쳐 2009년 6월 소장이 되었고, 2012년 2월 소장직에서 물러났다. 인생의 어느 시점에 자신의 생김새와 크기를 잘 가늠하게 되어 '무사안일주의자'가 된 내가 6년간이나 '빡센' 희망제작소에서 일한 것은 전적으로 박원순 때문이었다.

그의 열심과 부지런함은 널리 알려져 있지만, 그는 그토록 많은 사람들을 만나 그토록 다양한 일을 해치우는 사람치고는 놀라울 만큼 매사에 꼼꼼하고 세심한 사람이기도 했다. 이를테면 '써먹을' 만한 자원, 즉 공익적으로 내놓을 만한 뭔가를 가진 사람을 만나면 절대 놓치는 법이 없었다. 당장이 아니라도 언제고 반드시 불러들여 그것을 내놓게 했다.

내가 그의 '별점'을 받은 때는 1986년이었던 것으로 추정한다. 희망제작소에 온 뒤 어떤 자리에서, 내가 최후진술 때 썼던 비유적 표현을 정확하게 인용하며 칭찬을 했던 적이 있었던 게 그 추정의 근거다. 내가 연루된 조직사건의 공동변호인단에 박원순 변호사가 속해 있긴 했지만, 공범이 많은 사건이라 당시엔 따로 만나거나 이야기를 나누어본 적이 없었다. 그와 얼굴을 맞대고 이야기를 나눈 것은 1997년 가을, 그의 강의록을 책으로 엮는 일 때문에 만났을 때가 처음이었다. 그 일도 계획대로 진행되지는 않아서 몇 번 만난 뒤로는 다시 볼 일이 없었다.

그런데 2005년 여름 박원순이 내게 전화를 했다. 희망제작소를 준비하는 중이니 함께 일하자는 제안이었다. 수첩을 뒤져 나같이 미미한 인연의 사람한테까지 손을 뻗치는 사람이 박원순 말고 또 누가 있을까. 알고 보니 그의 '마수'에 끌려 들어온 사람은 나처럼 무사안일한 사람만이 아니었다. 참여연대, 아름다운가게와 아름다운재단, 희망제작소의 이사와 고문과 후원회원, 자원봉사자('○○○클럽', '○○별동대', '○○○술래단' 등 종류가 많은데 그는 이름 붙이기의 명수이기도 했다.) 중에는 '어? 저 사람이?' 싶은 사람, 즉 보수로 분류되는 사람, 유명한 사람, 번듯한 지위에 있거나 부자인 사람이 참 많았다. 그런 힘은 어디에서 왔을까?

1997년 그를 만났던 때가 생각난다. 그때 그는 많은 사람들이 기다리던 바로 그런 얼굴을 하고 있었다. 분노에 찬 얼굴이 아니라 어쩐지 믿음이 가는 선량한 얼굴, 세상을 흑과 백, 내 편과 네 편으로 간단히 가르지 않을 것 같은 얼굴, 타도하고 끝장내자고 외치는 것이 아니라 호소하고 설득하고 권유하는 얼굴, 굳은 신념과 불굴의 의지를 가지지 못했더라도 더 따뜻하고 더 합리적이고 더 정의로운 사회를 원한다면 누구라도 그런 세상을 만드는 데 참여할 수 있다고 말하는 얼굴…. 그는 '80년대 운동권' 사람들이 쓰던 상투어를 전혀 쓰지 않았고, '운동권 출신'들이 그때까지도 떨쳐버리지 못하고 있던 포즈, 즉 이 세계와 이 세계를 변화시켜 나가는 데 필요한 진리를 독점적으로 알고 있다는 듯한 분위기를 일절 풍기지 않았다. '운동권 출신'인 내가 느끼기에 그 얼굴은 '정통 운동권'과는 상관없는, 다른 경험과 고투와 여정에서 탄생한 것이었다.

하고 싶은 일이 너무 많았던 사람

선량한 얼굴과 겸손하고 예의바른 태도 뒤에 숨겨진 그의 '반전' 면모를 알게 되는 데는 그리 긴 시간이 필요하지 않았다. '우리시대 희망 찾기' 연구프로젝트에 참여했던 나는 조금씩 더 깊이 희망제작소 일에 관여하게 되었다. 내가 맡은 연구가 끝나자 프로젝트 전체 진행과 감수를 맡게 되어 상근을 하게 되었고,

그러다 보니 연구원들과 접촉이 늘어났고, 어느 날 기다렸다는 듯 연구원들이 작성하는 글을 검토하는 역할이 떨어졌다. 홈페이지에 올리는 기사, 연구보고서, 제안서, 신입연구원의 과제물 등등 다양한 글들을 놓고 연구원들과 이야기를 주고받다 보니 희망제작소가 돌아가는 사정, 연구원들의 고충, 은밀히 오가는 이야기를 점점 더 많이 알게 되었다.

박원순은 너무나 다양한 일을 너무나 많이, 너무나 빠른 속도로, 너무나 높은 수준으로 요구했다. 나는 희망제작소의 출범을 주로 '시민사회의 자기혁신'이라는 관점으로 바라보았는데, 시민사회는 공공부문이나 시장과는 다른 자기만의 고유한 역할이 있다. 한국 시민사회는 권력을 비판하거나, 문제를 폭로하고 지적하는 활동을 넘어 시민의 관점에서 대안을 상상·탐색·실험하고 새로운 관점과 방법론을 앞서서 제기하는 데로까지 역량을 넓혀갈 필요가 있었다.

'시민운동의 대부'라는 별칭이 공연한 것이 아닌 만큼 박원순은 누구보다 시민운동이 다다른 한계와 돌파해야 할 과제를 민감하게 느낄 수밖에 없는 위치에 있었다. 그래서 그는 하고 싶은 것이 너무 많았다. 그래서 마음이 너무 급했다. 함께 일하는 이들에게도 자신과 같은 몰입과 헌신, 최고치를 기대했다. 나는 때때로 그가 조증 환자가 아닐까 생각했다. 역사에 공적을 남긴 위인들 중에는 조증 환자가 많았다는 가설도 있지 않은가.

연구원들은 혼란스러워하고 힘들어했다. 희망제작소는 석·박사들이 모여 정책을 연구하는 전형적인 싱크탱크와 달랐고, 그렇다고 참여연대나 경실련 같은 시민단체도 아니었다. '시민운동 체로서의 싱크탱크', '연구하며 실천하는', '학문적 영역과 활동가 영역을 함께 묶는', '생각과 행동, 정책과 실행을 결합하는', 한마디로 전에 없던 '이상한' 조직이었다. 연구원들은 연구만 하는 것이 아니라 펀드레이징 제안서도 쓰고, 강연이나 프로그램 기획도 하고, 홍보 포스터도 만들고, 기자들에게 전화도 하고, 수강자들의 이름표를 만들고, 포럼이나 세미나 참석자들을 위한 간식을 구입해 접시에 나눠담는 일도 해야 했다. 오늘은 기업의 사회공헌 담당자를 만나고 내일은 마을 주민들 간의 갈등을 해결하는 방법을 찾느라 머리를 싸맸다. 그러나 밤새워 일해서 결과를 가져가도 칭찬을 받기보다는 사정없이 '깨지기' 일쑤였다. 상임이사 박원순은 꼼꼼한 데다 눈이 매우 높아서 보고서의 표지와 서체, 디자인까지 '검문'했다.

겉과 속이 같은 사람

다행이라고 해야 할지, 불행이라고 해야 할지 2008년 박원순의 과속질주를 막아 세우는 위기가 닥쳤다. 내부에서 TFT가 구성되어 연구전략과 방향, 의사결정구조, 조직운영방식에 대한 개선책을 논의한 것도 있었지만 결정적인 것은 정치적 환경의 변화였다. 희망제작소는 정부, 기업, 시민사회가 경계를 넘어 서로 협력하는 거버넌스governance를 주요 사업모델로 하고 있었는데, 이명박 정부 들어서 일어난 퇴행적 변화 때문에 그것이 불가능해진 것이다.

정부기관이나 기업의 사회공헌활동과 결합해 진행되던 많은 일들이 무산되었고, 연말에는 미국발 금융위기까지 닥쳤다. 여당 국회의원들은 희망제작소에 사회공헌자금을 지출한 기업체 명단을 행안부에 요구했고, 2009년 들어서자 '어버이'들이 희망제작소 앞에 박원순 어쩌고 하는 현수막을 들고 나타났다. '비상경영위원회'가 구성되었고, 예산확보 대책이 없는 사업들은 모두 중단되었다.

희망제작소가 위기에 처했던 그 시기에 나는 부소장에서 소장으로 '고속 승진'을 했다. TFT도, 비상경영위원회도 "상임이사 1인에 대한 의존도를 낮추고 '박원순 없는 희망제작소'를 준비해야 한다."고 의견을 모은 결과였다. 박원순도 어쩔 도리가 없었다. 일의 강도와 속도를 줄일 수밖에 없었다. 그럼에도 내가 소장으로 수행한 가장 중요한 역할은 상임이사가 떨어뜨리는 과제를 막거나 줄이거나 조정하는 것이었다. 일정한 제약 안에서도 그는 끊임없이 새로운 일을 만들었고, 그 에너지도 변함이 없었다.

특히 재정 위기를 헤쳐 나갈 대안으로 추진했던 후원회원 확대에 많은 정성과 시간을 쏟았다. 전국 각지를 돌면서 강연을 했고, '천 개의 직업'이라는 대규모 강연도 조직했다. 과연 그는 일중독자였다.

상황 때문에 떠밀려 소장이 되기는 했지만 사실 나는 명실상부한 소장이 되기엔 능력도 의지도 없는 사람이었다. 그래서 상임이사에게 소장다운 소장을 모셔올 때까지 한시적으로 역할을 하겠고, 그때까지 내부 조직 관리와 부서 간 조정 역할을 주로 하겠다고 따로 말씀드렸다. 그나마 다행스러운 점은, 내가 상임이사와 상보적인 특성을 가지고 있었다는 것이다. 그는 작은 일에도 감동을 잘 하고, 새로운 사람과 새로운 생각에 잘 혹했으며, 좋은 아이디어가 있으면 꼭 실행하려 했고, 한꺼번에 수십 가지 일을 처리할 줄 하는 사람이었다. 나는 과장을 싫어하고, 쉽게 감동하지 않고, 의심이 많고, 한 번에 한 가지 일밖에는 하지 못했는데, 시기가 시기인지라 그런 '김 빼는 사람'이 다소간 쓸모가 있었다.

그렇다고 해도 내가 소장으로 2년 반을 버틸 수 있었던 것은 박원순이 훌륭한 사람이었기 때문이다. 그는 사회적 지위가 있는 또래의 다른 남성들과 아주 달랐다. 권위적이지 않고 소탈했고, 술을 한 잔만 해도 빨개지는 체질이라 술집에서 술기운을 빌어 비즈니스를 하는 법이 없었고, 자기자랑을 늘어놓지 않았고,

말과 행동, 겉과 속이 다르지 않았다. 그는 거대담론이나 추상적인 이론에 별로 관심이 없었는데, 내가 보기에 그는 철저한 경험주의자였다.

그는 추상적 미래 전망에서 지금 할 일을 연역하는 사람이 아니었다. 존재했거나 존재하고 있는 것들 중에서 가장 좋은 것, 가장 훌륭한 것을 찾아내 한국사회에서 그것을 구현해보려 했다. 저것도 일종의 무절제가 아닐까 싶을 정도로 자료를 탐독했고, 주기적으로 '선진국'을 다니며 사례나 모델을 학습했다. 그가 역사에 특별한 관심을 가졌던 것도 거기 무궁무진한 사례와 경험이 쌓여 있기 때문이 아니었을까 생각한다.

문득 그가 보여주었던 사진 파일이 하나 생각난다. 그동안 다녔던 나라에서 보도블록과 가로등, 하수구 맨홀 뚜껑을 찍은 사진만 따로 모은 파일이었다. "보세요, 얼마나 예쁩니까? 가로등 디자인 하나로도 도시 경관을 바꿀 수 있다니까요!"

가까운 사람에게는 불친절하지만 미워할 수 없는 사람

물론 우리 모두가 그렇듯이 박원순 또한 결점이 있었고, 이상한 구석, 취약한 지점이 있었다. 그는 모든 사람들에게 친절했지만, 함께 일하는 가장 가까운 사람들에게 불친절했다. 우리가 잘 모르는 타인에게는 예의를 차리고 가족들에게는 함부로 대하듯이.

"이렇게 해놓고 잠이 와요?" 같은 말은 아무것도 아니었다. 한번은 기초지자체 몇 개를 연결시켜 합동연구소 같은 걸 만들면 어떻겠냐는 제안을 하자, 담당 연구원이 지자체 예산집행 규정과 연계해 제도적으로 그것이 불가능한 사정을 설명했다. 그러자 그는 자리에서 벌떡 일어나며 이렇게 소리쳤다. "○○ 씨! 그런 연구소가 만들어지면 우리랑 경쟁 상대가 될 것 같아서 그래요? ○○ 씨 할 일이 없어질 것 같아서 그래요?" "내 앞에서 안 된다는 얘기 하는 사람이 제일 싫어요." 하는, 박정희가 했을 법한 말도 했다.

후원회원이나 자원봉사자들로부터 일처리와 관련해 뭔가 미흡한 점을 지적하는 '민원'을 접하면, 자세한 사정을 듣지도 않고 일단 연구원들을 나무랐다. 우리는 곧잘, 동생도 잘못이 있는데 "형인 네가 참아야지!" 하고 무조건 꾸중을 듣는 기분이라 입이 나오곤 했다.

함께 일해본 사람들은 다 아는 습벽인데, 그는 크게 서운하거나 화나는 일이 있으면 연락을 끊고 잠적했다. 나는 이 독특한 행동양식이 그의 취약점과 연관되어 있다고 느꼈다. 진심, 공감, 배려, 감동, 열광, 의욕, 투지… 기타 등등 긍정적 계보의 감정에 그는 익숙했다. 하지만 그 반대의 감정, 이를테면 우울함, 서운함,

배신감, 분노 같은 부정적인 계보의 감정을 잘 다루는 편은 아니었다. 특히나, 진심을 의심받거나 의도를 왜곡당하거나 부당한 비판을 받을 때 취약했다. 그는 위선은 없었으나 결벽이 있었다.

그는 사람을 보는 눈이 좋은 편은 아니었다. 그럴듯한 이야기를 하는 사람들에게 쉽게 혹해서 많은 사람을 희망제작소로 연결했는데, 그중에는 사적인 동기를 감추고 온 사람도 있었고, 말만 앞서는 사람도 있었고, 심지어 사기꾼도 있었다. 스스로 엄청난 에너지를 가진 사람이어서 사람들을 끌어당기고 최대치의 역량을 발휘하게 하는 '영빨'이 있었지만, 조직을 관리하고 운영하는 능력은 낙제점에 가까웠다.

그렇지만 우리는 그를 미워할 수 없었다. 미워하지 않았다. 추궁을 당하고, 질책을 당하며 직접 경험한 바로, 그의 모든 행위는 공익적 동력에서 나오는 것이었기 때문이다. 문자 그대로 분골쇄신하는 사람을, 자신은 10을 하면서 우리에게 1을 요구하는 사람을, 완벽하지 않다고 미워할 수는 없는 일이었다.

다만, 나는 그에게서 친밀함을 느끼지는 못했다. 가족의 안부를 묻는 것 이상의 사적인 이야기를 나누어본 적이 없다. 고민과 고통을 나누지 못하는 사람과 친해지기는 어려운 일이었다. 가끔씩 나는 정말 궁금했다. 정말 물어보고 싶었다.

그렇게 바빠도 한순간 외롭거나 허무할 때가 있지 않은가요? 황지우 시인이 "어떤 연애로도 어떤 광기로도 이 무시무시한 곳에까지 함께 들어오지는 못했다."고 한 그런 실존의 공간 같은 거요. 그렇게 많은 사람을 만나다 보면 가끔씩 진력이 날 때가 있지 않은가요? 저는 하루에 10명만 만나도 멀미가 나던데요. 어떤 진화인류학자의 연구에 따르면 한 사람이 의미 있는 사회적 관계를 맺을 수 있는 대상은 50명을 넘기 힘들다는데, 또 그중에 절친은 많아야 3명 정도라는데, 상임이사님의 절친은 몇 분인가요? 어떤 분들인가요? 그분들과는 어떤 이야기를 주고받으시나요? 그중에 가장 힘들 때 찾아가는 베프는 누구인가요?

두 번째 임기 때 그가 또 몇 년 만에 전화를 한 적이 있었다. 흠, 또 수첩을 뒤지셨군…. 이제는 나도 그를 알 만큼 안다고 생각했기에 끌려들어가지 않으려고 쌀쌀맞게 거절했다. 시장이 되어 떠나신 2011년 12월에 마지막 인사 삼아 메일을 드렸다. 그중에 이런 문장이 있었다.

"제가 시장님께 간절히 요청 드리고 싶은 것은, 짧은 시간이라도, 피로를 풀 수 있게 푹 주무시는 시간을 꼭 확보하시라는 것입니다."

그는 회의 때 가끔씩 졸았다. 심장이 두 개라고 우스개를 하곤 했지만, 다른 모든 사람들처럼 그의 심장은 하나였다. 꺼칠한 얼굴로 꾸벅꾸벅 졸고 있을 때처럼 그가 인간 동료로서 가깝게 느껴진 적은 없었다.

가장 있을 법하지 않은 방식으로 그가 떠나고 무사안일주의자가 이런 글을 쓰고 있다니, 이것이 인간의 세상이다. 다음 생이 라는 게 있다면, 슬리퍼 신고 들른 동네 술집에서 그를 만나 시시껄렁한 이야기를 떠들고 싶다. 질겅질겅 노가리를 씹으며, 물어보지 못했던 저 질문들을 던지고 싶다.

서울 종로구 평창동으로 희망제작소 사무실을 옮긴 2009년, 박원순 상임이사는 후원회원 모집에 적극 나선다. 그리고 그해 5월 아름다운재단, 중앙일보 시민사회환경연구소와 함께 시작한 '모금전문가학교'에서 그가 강의한 '모금 10계명'을 소개한다.

모금 10계명

1. Please ask! - 준비된 기부자들이 의외로 많다
2. 거절은 병가지상사 - 상처받지 말라
3. 이미 기부한 사람들을 중히 여겨라 - 기부해본 사람이 또 한다
4. 기부 이후 프로그램 공유
5. 기부한 사람이 보람 느끼기에 좋은 프로그램과 제안서를 만들어라
6. 유리알처럼 투명하고 또 투명하라
7. 기부와 모금도 창의적으로
8. 일회적 기부보다 지속적 기부를 유도하라
9. 먼 미래를 보고 대하라
10. 스스로 그 귀한 돈을 잘 쓰고 있는지 묻고 또 물으라

6장

실천과 약속의 정치인 - 서울시장 시절

실천과 약속의 정치인 박원순

오성규(前 서울시 비서실장)

우리 시대의 과제 해결에 앞서가는 실천가

2019년 봄날 어느 주말의 일이다. 서재 책상에 앉아 밀린 일들을 정리하고 있으려니 할 일이 까마득하다. 아주 기억력이 좋은 박원순 시장님은 대략 한 달에 서너 번 정도 요청한 일에 대해 어찌 되었냐며 물어온다. 물론 이래서는 안 된다는 생각에 정말 속에 있는 얘기를 한 적도 있다.

"시장님. 시장님께서 너무 많은 일을 벌이시고 그것을 참모들한테 던져주시니, 제가 가끔 6층을 둘러보면 대부분 참모들은 시장님께서 주신 숙제를 하느라 너무 바쁩니다. 참모들이 이리도 정신없이 일하게 과도한 임무를 주시면 안 될 것 같아요."

그래도 요지부동인 분이란 걸 잘 알기에 주말에 서재에 자발적으로 갇혀 내 선에서 정리하고 가려 애쓴다. 그런 사이에 전화벨이 울린다. 박원순 시장님 전화다.

"오성규 실장님, 지금 통화돼요?"

"예."

"그럼 한번 메모해봐요."

호흡이 가쁘다. 어디 쫓기시는 것도 아닌데 수화기에서 달려 나오실 것 같은 느낌이다.

"예, 말씀하세요."

"내가 민주화운동으로 인해 상처를 받은 분들이나 가족들에 대해서는 기념이나 지원이 될 수 있는 일을 대부분 해왔어. 그런데 이제 마지막 하나의 과제가 남았어. 유가협(전국민족민주유가족협의회) 어머니들을 보살피는 일이야."

"예. 제가 무얼 해야 하나요?"

"지금 유가협 어머니들은 종로구 창신동에 한울삶이라는 곳에서 공동체 생활을 하고 계신데, 아주 누추하기 짝이 없어. 얼마나 마음고생을 많이 하신 분들인데 이게 말이 돼? 하물며 제대로 기록을 보관할 공간조차 없어. 그건 말이 안 되지. 그분들의 아들딸들이 실천한 민주화운동을 기록하고 학습할 수 있도록 제대로 공간을 만들어야 해. 또 오갈 데 없는 분들이 많아. 모임도 자주 있고. 그분들이 제대로 생활하실 수 있는 공간도 필요해. 오 실장이 기념관을 제대로 준비해줘."

"예. 서둘러 준비하겠습니다."

"내가 서울시장으로 있을 때 꼭 해야 해. 내가 안 하면 누가 하겠어. 이런 것도 안 한 시장이 되면 역사의 죄인이 될 거야."

안 봐도 그림이 훤하게 그려진다. 분명 누군가와 방금 대화를 하시다가 맘이 크게 동하신 게다. 그래서 대화를 멈추고 내게 바로 전화를 했을 것이다. 그러고 나서 그분들에게 약속했을 것이다. '오성규 비서실장이 일을 진행하면서 연락을 드릴 것이라고.' 일을 많이 하고, 또 잘하는 사람들의 공통점이다. '이거다'라는 느낌이 왔을 때 분초를 다투어 결행에 옮기는 실천가 유형이다.

그런데 그런 분들 중에서도 여러 결이 있다. 속도를 강조하는 사람, 명분 따지지 않고 무조건 해야 한다는 사람, 반면에 본인의 에너지로 충분히 동기부여 시키는 사람 등. 박원순은 항상 후자의 유형이다. 경직성이 강한 위계를 하찮게 여기고 항상 "왜 내가 중요하게 생각하는지"를 설명한다.

시간을 거슬러 올라가 내가 서울시설공단 이사장으로 있던 2015년 한여름의 일이다.

"오성규 이사장님, 통화돼요?"

"아… 그럼요. 그런데 웬일이세요? 여름휴가 떠나셨다 들었는데."

"응. 친구들이랑 강원도에 와 있어. 오 이사장도 잘 알겠지만, 나는 해방 전후에 해외에 강제 이주돼 고생하신 분들과 후손들에 대해서는 반드시 국가가 책임지고 잘 모셔야 한다고 생각해.

특히 고인이 되신 분들은 유해라도 고국 땅에 모셔야지. 올해가 광복 70주년이잖아. 오 이사장, 정병호 교수 알지? 정교수가 이번에 홋카이도 강제노동 희생자 유골을 고국으로 모셔오는 일을 준비하고 있어. 〈70년만의 귀향〉이라는 프로젝트래. 오 이사장이 같이 준비해줘. 나는 언젠가는 코리아 디아스포라 기념관을 만들어야 한다고 생각해. 역사를 잃은 민족이 되면 안 되잖아."

아마도 고등학교 절친 몇몇 분과 강원도 산골마을로 여름휴가를 가셨던 모양이다. 후일담으로 들은 바, 고등학교 같은 반 친구였던 분들이 함께했고, 가마솥을 걸어놓고 백숙을 끓여 드시면서 민족, 강제이주 한인, 디아스포라, 국가의 책임 등을 화두로 여름밤을 보내셨다고 한다.

박원순의 삶을 구성하는 데 '역사'라는 단어는 빼놓을 수 없을 것이다. 박원순의 역사에는 늘 사람이 중심에 있었다. 전태일 열사, 민가협, 유가협, 김근태, 문익환은 물론이고 해방전후사에서 강제이주 한민족 등. 역사의 수레바퀴가 사람의 힘에 의해 움직인다는 것을 실천적으로 알고 있는 그였기에 봉건주의와 제국주의를 거쳐 군사독재를 딛고 민주주의를 꽃피우기까지 헌신한 뭇별들의 피와 땀을 소중히 여겼다.

"아버님, 먼저 떠나보낸 아들의 동지가 되어, 민주주의를 위해 피 흘린 모든 이의 아버지가 되어 아들이 차마 못 보고 간 세상을

<70년만의 귀향> 프로젝트의 하나로 국내로 봉환된 유골 115구를
서울시립 용미리묘지에 안장했다.

위해 평생을 바치신 아버님. 막내아들을 가슴에 묻고 하루하루 버티셨을 지난 31년의 세월, 단장의 아픔을 안고 이 땅의 민주화를 위해 헌신하신 아버님, 당신께서 고난의 시대를 헤치고 살아온 삶을 생각하면 마음 한편이 아려옵니다."

-2018년 7월 31일, 박종철 열사 아버지
故 박정기 선생 민주시민장 노제 추도사 중-

7월 말이면 뙤약볕에 잠깐이라도 서 있기 어려운 날씨다. 서울광장에서 한낮에 진행된 추모행사 내내 뒷줄에 다소곳이 앉아 박정기 선생의 고통 받고, 이겨낸 삶을 떠올렸을 것이다. 그리고는 내가 그분의 삶을 이어가기 위해 무엇을 할 것인가를 고민했을 것이다. 민주주의라는 팽이가 쓰러지지 않도록 스스로 채찍질했을 것이다. 그날 뙤약볕에서 머리 숙이고 고민했던 한 가닥이 후일 나에게 유가협 기념관을 만드는 일로 옮겨졌으리라.

불평등 해소에 일생을 건 실천가

"정치인은 말로 먹고산다지만 나는 말을 잘 못해."

"21세기의 실학운동, 나는 정말 구체적으로 세상을 바꾸는 데 관심이 있어."

그는 지독한 실천가다. 말은 당신들 몫이고 나는 구체적인 실천만을 하겠다는 말을 수없이 반복했던 그였다. 심지어 담론은 어디다 써먹는 거냐며 실천이 없는 말의 성찬에 알레르기 반응을 보이기도 했다.

주위의 시선에 아랑곳하지 않고 나무라신다. '오 실장은 언제나 말이 앞선다'며 나를 지렛대 삼아 사위에 긴장을 조성하기 일쑤였다. 그런 식의 지적을 받은 이가 한둘이 아니다. 아마 대부분 후배들은 한 번쯤 그런 얘기를 들었을 것이다. 그는 실천으로 극복해야 할 현실의 처절한 모순을 뼈저리게 느낀 것이 분명하다. 그 모순은 '불평등'이다.

항상 책 읽기를 좋아하는 그를 위해 일주일에 2박3일 정도를 공부시간으로 일정을 짜놓은 적이 있었다. 그럴 때면 적어도 20~30권의 책을 가지고 조용한 곳으로 들어가신다. 항상 20cm 자와 빨간펜을 주머니에 넣고 다니니 그것으로 밑줄을 긋고, 공백에다 생각을 적어 둔다. 수십 년 쌓인 습관이니 얼마나 빠른지 모른다.

2019년 늦가을 즈음 공부하는 곳으로 오라는 연락을 받고 갔더니 이틀 동안 읽은 책 내용과 당신이 생각한 것들을 근 한 시간 동안 읊으신다. 그때의 화두가 '불평등'이다. 오래전에 스티글리츠의 《불평등의 대가》라는 책을 읽었는데 다시 한 번 더 보셨다는 것이다. 구조화된 불평등으로부터 불신과 분열이 싹트고,

《불평등의 대가》 독서 소회를 이야기하는

박원순 시장

개인(특히 젊은이들)에게는 불안과 공포를 재생산하는 현실을 꼭 해결하고 싶다는 얘기다. 그래서 기성정치가 해낼 수 없는 일이기에 새로운 동력을 만들어야 하고 그 힘으로 아주 새로운 실천을 해야 한다는 주장이다.

그러면서 내놓는 것이 다산 선생의 사명인 '新我之舊邦신아지구방'이다. 사회적 약자들에게 유독 가혹한 세상, 그래서 병들 수밖에 없고, 이미 병들어 있는 낡은 세상을 구하고 싶다는 얘기를 듣는 사람이 혼자뿐인데도 그리 힘주어서 하신다. 출마의 변을 토하신 것이다.

내가 비서실장 소임을 맡은 후 몇 달간 시청에서 그분과 대부분을 시간을 보내면서 큰 방향이 제대로 잡히지 않았다는 것을 자주 느꼈고, 문제의 핵심은 그분이 흔들리지 않는 큰 생각을 세우지 못했거나, 주변에서 중요한 역할을 맡은 사람들과 공유하지 못한 것이라는 확신을 가졌다. 그분이 실질적으로 공감하고 바뀌어야 해결될 문제였기에 어떻게 해야 효과적으로 의사를 전달할 수 있을지 고민했다. 그러다가 그분에게 정치의 큰 방향을 정립할 필요가 있다는 메시지를 보냈다. 그분에게는 언제나 대화보다는 글이 훨씬 더 효과적으로 전달된다.

"세상의 모든 일은 '명분'과 '실리'로 수식되고, 규정됩니다. 축적된 대의명분은 '세력' 극대화로 귀결되기에 전략적 선택에 중요한 요소이지요. 명분은 세상을 담을 그릇과도 같습니다. 그

릇의 크기가 곧 실현 가능한 꿈의 크기입니다. '실리'는 눈에 보이고, 당장 이익을 취할 수 있는 장점은 있지만 '극대화 전략'에는 적합지 못합니다. 그래서 큰 세상을 경영하기 위한 대사를 도모하는 사람에게는 실리보다는 명분이 더 중요합니다. 반대로 이미 세상을 얻은 자에게는 현실적인 책임이 더 엄중하기에 실리를 놓쳐서는 안 되는 덕목으로 제기됩니다. 따라서 우리의 전략은 '명분'의 위치를 높게 설정하여 '세력 극대화'를 이뤄내는 한 길입니다."

나의 메시지에 대한 화답이라 생각하니 뛸 듯이 기뻤다. 꿈과 확신을 담아 어떤 세상을 만들어보겠다는 푯대를 세웠노라고 적극적으로 답을 던져준 것이니 말이다. 말보다 실천이 너무나 중요했기에, 말로는 세상을 절대로 바꿀 수 없다는 확신이 너무나 컸기에 누르고 눌러온 마음을 활짝 열어놓은 것이다. 물론 그가 이미 모든 것을 다 쏟아부으면서 실천해온 길이지만 그렇게 명료해졌다.

박원순의 인생이 엮어온 '역사-민족-인권-공동체-사회적 경제'는 결국 사회적 약자들이 제대로 대접받고 존중받는 민주주의가 바로 선 새로운 나라를 위한 한 길이었다. 그것은 말로 되는 것이 아니라 처절한 자기반성과 치열한 실천이 있어야 비로소 가능하다는 것을 누구보다 잘 알았기에 그 장도에 함께하는 사람들에겐 늘 말보다 실천을 강조했다. 그는 검사를 내던지

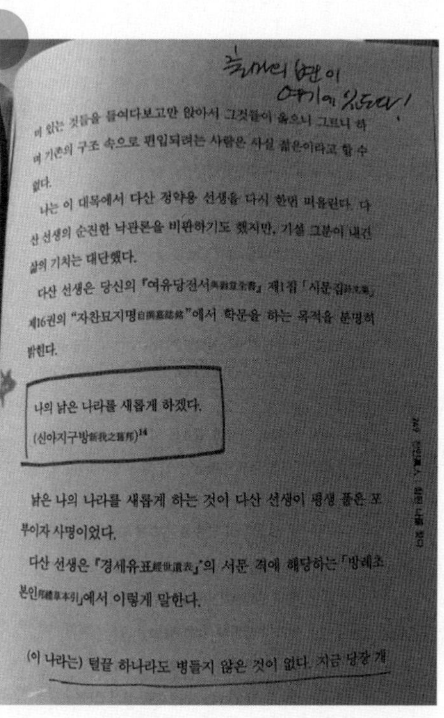

출마의 변이 여기에 있도다!

미 있는 것들을 들여다보고만 앉아서 그것들이 옳으니 그르니 하며 기존의 구조 속으로 편입되려는 사람은 사실 젊은이라고 할 수 없다.

나는 이 대목에서 다산 정약용 선생을 다시 한번 떠올린다. 다산 선생의 순진한 낙관론을 비판하기도 했지만, 기실 그분이 내건 삶의 기치는 대단했다.

다산 선생은 당신의 『여유당전서與猶堂全書』 제1집 「시문집詩文集」 제16권의 "자찬묘지명自撰墓誌銘"에서 학문을 하는 목적을 분명히 밝힌다.

> 나의 낡은 나라를 새롭게 하겠다.
> (신아지구방新我之舊邦)[14]

낡은 나의 나라를 새롭게 하는 것이 다산 선생이 평생 품은 포부이자 사명이었다.

다산 선생은 『경세유표經世遺表』의 서문 격에 해당하는 「방례초본인邦禮草本引」에서 이렇게 말한다.

(이 나라는) 털끝 하나라도 병들지 않은 것이 없다. 지금 당장 개

다산 선생의 사명인 '신아지구방'을

출마의 변으로 삼다.

고 인권변호사의 길을 걸었다. 민주화를 이룬 뒤에는 참여연대를 통해 투명사회 사회혁신의 길에 깨어 있는 시민들과 함께했다. 아름다운재단, 아름다운가게는 기득권의 사회적 책임을 이끌어내는 실천이었다. 희망제작소는 지혜의 사회화를 위한 실험이었다.

실천의 구체적인 동기 중의 하나는 약속이다. 정치인들이 뱉은 수많은 말들 속에는 헤아릴 수 없을 만큼 무수한 약속이 담겨 있다. 그것을 지키는 것과 그렇지 않은 것의 무게 차이는 얼마나 될까? 그는 역사적 책임으로, 그가 꿈꾼 미래에 대한 갈급함으로 매 순간 약속을 실천으로 옮겨온 사람이다. 서울시장 3선 도전 과정에서 시민들과 한 약속을 누가 뭐라 해도 반드시 지키려 했던 그였다. 그런 약속과 실천이 사회적 불평등이라는 이 나라가 안고 있는 병을 치유하고 민주주의가 바로 선 나라를 만드는 길이라는 믿음이 있었기 때문이다.

2018년 한여름 박 시장이 옥탑방에서 현장시정을 펼친 것을 놓고 '쇼다', '서민 코스프레다'라고 말하는 이들이 있다. 물론 약속을 이행하는 방법이 투박할 수 있다. 그러나 방법이 거칠고 투박하다 하여 본질을 폄훼하는 것은 섣부르다. 적어도 그는 일관된 생각으로 묵묵히 실천하며 세상을 변화시켜왔던 사람이다. 그만큼 일관되게 자기의 믿음과 가치관을 축적해온 정치인은 드물다.

한 개인에게도 일관된 축적이라는 것이 그리 쉬운 일이 아닌데, 하물며 한 나라는 어떻겠는가. 정치적 영향력이 큰 정치인일수록 실천과 약속의 중요성을 잘 되새김해봄 직하다. 우리 정치인 대부분이 실천으로 말의 책임을 지는 문화가 보편화되고, 긍정적 화학반응을 통해 질적 변화를 이루어졌으면 하는 바람이 간절하다.

항상 "난 괜찮아" 하던 그가 "아프다"고 심하게 앓더니 떠났다

잠이 없기로 유명한 그여서 새벽에 문자메시지를 받은 사람이 수두룩할 것이다. 그런 탓에 박 시장은 3선 서울시장이 된 이후엔 부쩍 지친 모습을 많이 보였다. 건강을 걱정하는 물음에 그는 항상 "난 괜찮아"를 입에 달고 살아왔다.

그러던 그가 2020년 초에 "아프다"는 말을 먼저 꺼낸 적이 있다. 참고 견디는 것이 그의 삶의 방식이었는데 올 것이 온 것이었다. 목이 완전히 잠겨 일주일 이상 말을 할 수 없을 정도로 심하게 앓았다. 뜻을 세우고 우직하게 실천하던 그가 아픔을 얻은 후 죽음에 이르렀다.

이젠 박원순이 꿈꾸었던 꿈을 실현하는 일은 오로지 뜻을 함께하고 있는 사람들의 몫이다. 언젠가 그가 이런 얘기를 했다.

"한 사회의 품격은 '사생관'이 결정하는 것이야. 죽음을 두려운 것으로 치부하는 사회는 절대 건강할 수 없어." 그러면서 유럽으로 해외출장을 간다니 꼭 오스트리아 빈에 있는 국립중앙묘지를 둘러보고 오라는 얘길 했다. 참 오지랖도 넓은 분이 아닌가.

지금 생각해 보면 그는 죽음에 대한 생각도 정리해놓고 있었던 것 같다. "모두 안녕."이라는 짧고 가벼운 고별인사조차도 그냥 나온 것이 아니라는 걸 나는 안다. 그가 미련스러울 정도로 우직하게 꿈꾸고 실천했던 것을 이루지 못했지만, 그리 가볍게 던지고 갈 수 있었던 것도 그의 인생에 축적되었던 힘 덕분이란 걸 잊을 수가 없다.

시민 중심의 정치 철학에 초지일관하신 분

윤준병(더불어민주당 21대 국회의원)

나는 1982년 행정고시에 합격해 36년을 공무원으로 봉직한 후 2020년 국회의원에 출마하여 당선되었다. 박원순 시장과 함께한 7년은 뜻이 맞기도 했고 등을 돌리기도 했던 애증이 교차한 세월이었다. 시민운동가 출신의 박원순 시장은 36년 동안 접했던 그 어떤 시장보다 지독한 일 중독자였으며 남다른 소신과 원칙의 소유자였고 창조적이며 권위적이지 않았다.

박 시장은 부정이나 이권개입에 연루된 적이 없었고, 문제 해결을 위해 가장 적극적으로 의견을 개진하는 사람이었다. 때로는 답답했던 순간들이 없지 않았던 완강한 고집불통이었으며, 세상 물정에 어이없이 순진한 측면을 보이기도 했고, 정치와 시민운동의 경계를 아슬아슬하게 넘나들기도 했다. 정형화되지 않은 그런 다양한 부분들이 예상치 못한 변화를 불러오는 원동력이었다.

퇴직 후 대학에서 강의가 예정되었던 나에게 세상을 긍정적으로 변화시킬 수 있다는 신념으로 정치적 행로를 강력하게 권유한 이도, 어려운 결정 후 적극적으로 정치 선배 역할을 마다하지 않았던 이도 박원순 시장이었다. 이제는 산산이 부서진 이름이 되어버린 사람이지만 나는 박원순 시장과 함께했던 일 몇 가지를 기록해보고자 한다.

파격, 감사원장 고발자를 요직에 발탁하다

2011년 박원순 시장이 서울시청사로 입성했다. 간부직 공무원들은 선출직 시장의 마인드에 따라 역할이 크게 달라지기 때문에 시장이 바뀌면 꽤 긴장하게 되는데, 시민운동가 출신의 시장은 처음이라 색다른 긴장감이 높았다.

당시 나는 관악구 부구청장으로 근무 중이었는데 바위에 계란치기라는 말을 들으며 감사원과 맞서고 있던 참이었다. 새로 당선된 시장에게서 호출을 받은 이유도 그 때문이었다. 산동네 재개발구역 주민들이 관악구청사를 점거해 농성을 벌이게 된 이유는 뉴타운 후보지 땅값 때문이었다. 산동네에 조성되는 뉴타운에 분양을 받으려는 외부 부동산 투기꾼들이 몰려들면서 땅값이 뛰자, 서울시는 뉴타운 지역의 땅을 공시지가보다 30% 인상된 감정가 가격에 팔기 시작했다. 시민들의 주거개선을 위해 시작한 뉴타운 정책이 원주민 토박이들을 몰아내고 외부 투기꾼들의 재산을 불리는 상황이 된 것이다.

무허가로 수십 년을 거주하고 있던 가난한 원주민들은 투기로 솟은 감정가보다 원래의 공시지가대로 매각하라는 요구조건을 내세우며 머리띠를 두르고 청사를 점거했다. 부구청장이던 나는 가격을 117%로 조정해 원주민을 설득하여 점거농성을 풀었고, 이를 공직자로서 합당한 절차와 합리적인 해결방안을 마련했다는 자부심을 느꼈다. 그런데 감사원에서 저가매각을 했다는 이유로 특정인에게 특혜를 준 것처럼 3개월 정직이라는 무거운 징계를 내렸다. 감사원의 부당징계에 불복해 구체적 자료를 바탕으로 감사원의 잘못을 조목조목 반박하며 재심신청을 했는데, 그것마저 기각해버렸다.

다행히 서울시 인사위원회에서는 감사원 결정과 다르게 나의 일 처리에 문제가 없다고 결론이 나서 실질적인 징계를 받지는 않았다. 그렇지만 나는 그 과정에서 모든 불이익을 감수하겠다는 각오로 법원에 감사원장을 비롯해 관계자들의 책임을 묻는 고소장을 접수했다. 무소불위의 권력을 휘두르며 관행적으로 일처리를 하고 군림하는 것을 바로잡고 싶었다. 그 와중에 박원순 시장이 당선되었고 시장실로 호출을 받았다. 박 시장과의 첫 대면이었다.

박원순 시장은 서울시와 감사원의 원활한 관계설정을 위해 감사원장 고발을 취하해 달라고 부탁했다. 그러나 나는 물러설 수가 없었다. 대법원의 판결을 받아 감사원의 잘못된 관행을 바로잡고 공무원도 감사원장에게 책임을 물을 수 있는 권한이 있음을 공직사회에 분명히 알리고 싶다고 대답했다.

"그렇다고 개인적인 명예회복을 위해 조직을 곤란에 빠트리는 것은 재고해주십시오. 서울시에서 징계 불이익을 받지 않았으니 이쯤에서 정리하시죠. 지금껏 공무원이 감사원장을 고발한 사례는 단 한 번도 없었다고 들었습니다."

그러나 단순히 오기로 감사원장에게 망신을 주려고 시작한 일이 아니었기에 시장의 권유를 거절했다. 시장실을 나오면서 '이번 시장 재임 기간에도 외롭겠구나', '승진은 물 건너갔구나' 하고 생각했다. 이명박 시장 시절 4년 내내 '귀양살이' 경험을 한 터라 주위의 염려가 많았지만, 어떤 일이 있어도 고발을 철회할 생각은 없었다. 그런데 놀랍게도 박 시장은 당선 후 단행된 인사에서 곧바로 나를 서울시 교통본부장으로 발령을 냈다. 아무도 예상치 못한 파격이었다. 발령 이유는 서울시의 난제인 교통문제를 가장 잘 해결할 전문가이자 적임자라는 이유였다. 이후 박 시장이 직접 쓴 책을 통해 시민운동가 출신 박원순 시장의 정치적 소신을 파악할 수 있었다.

"정치란 개인의 입신양명 수단이나 과정이 아니라 국민들이 등 따뜻하고 배부르며 나라가 부강하고 정의가 바로 서며 기회가 평등한 사회를 만드는 활동이다. 좋은 나라, 좋은 사회를 만들어보자는 노력이다. 늘 고통 속에 있는 사람을 챙기는 것이다. 자신을 희생해 남을 돕고 힘없는 자를 부축하는 것이다. 부유한 자보다 가난한 자를 먼저 생각하는 정치를 해야 세상을 바꿀 수 있는 힘을 가지게 된다."

평생 공무원인 나와 살아온 소신이 크게 다르지 않았다. 감사원장을 고발하고 시장의 취하 권유에 굴하지 않는 기개 있고 강직한 공무원이 서울시 조직에 꼭 필요하다는 소신이 있었다고, 나를 발탁한 속마음을 몇 년 뒤 신문에 피력한 것을 보았다. 처음부터 박원순 시장은 '시민 중심 정책, 친환경 정책'을 기본으로 하겠다는 시정 목표가 확고했다. 박원순 시장은 감사원은 물론 정부나 기업이나 사업자 그 누구의 눈치도 보지 않았을 뿐만 아니라, 절대로 이권개입을 하지 않고 청렴했다. 덕분에 이전과는 다른 창조적이고 획기적인 정책들이 쉽게 꽃을 피울 수 있었고 직원들도 원칙에 따라 소신껏 일할 수 있었다.

시민 우선주의, 심야버스 올빼미버스가 탄생하다

나는 교통본부장으로서 박원순 시장과 호흡을 맞추면서 서울시에 의미있는 변화를 가져온 교통정책을 구상하고 도입했다.

시장의 전폭적인 지지가 없으면 불가능했을 일들이 많았다. 서울 시민들의 심야 이동을 안전하게 책임지는 올빼미버스 시행도 박원순 시장의 SNS 덕분에 급물살을 탔다.

해마다 12월은 눈이 내리고 크리스마스와 송년회 등 연말행사로 서울 도심은 1년 중 가장 붐비는 시기다. 동시에 서울시가 언론으로부터 한결같이 집중포화를 당하는 때였다. 버스와 지하철이 끊긴 시간 택시 승차거부로 시민들의 불편과 불만이 폭발하는 시기이기 때문이었다. 택시업계는 이때가 최고의 호황기였다. 수요가 넘쳐나니 요금을 많이 받을 수 있는 손님들을 골라 태우고 합승시키는 바람에, 시민들은 규정보다 몇 배 되는 요금을 지불하면서 귀가 시간은 훨씬 길어졌다. 게다가 서울 밖의 택시들까지 원정영업을 와서 영업구역을 벗어난 불법 영업이 판을 쳤다. 해마다 12월의 택시 민원은 해결 방법을 찾지 못한 서울시의 오랜 고질병이었다.

근본적인 대책인 심야버스운행은 택시업계의 반대로 번번이 무산되었다. 그러나 그 틈을 이용해 전세버스들이 심야에 버젓이 불법 영업을 하고 있었다. 신문기자가 심야 전세버스를 직접 타고 취재한 '서민의 발' 기사가 눈에 띄었다. 심야의 유동인구가 많은 지역을 도는 전세버스 운송행위는 법 위반으로 단속대상이었지만, 많은 시민들이 택시보다 심야버스에 만족하고 있었다. 불법 영업을 단속하고 시민들의 편의를 위해 서울시가 심야버스를 운행해야 하는 명분이 충분했다.

취재기자에게 전화해서 그동안의 고민과 진행상의 난관을 허심탄회하게 이야기하고 서울시가 심야버스운행을 검토하고 있으니 참조할 수 있게 취재자료를 보내달라고 요청했다. 기자는 자신의 취재기사에 서울시 교통본부장이 관심을 갖고 직접 연락하자 몹시 기뻐하며 적극 협조하겠다고 답했다.

그런데 문제가 터졌다. 요청한 자료보다 먼저 '서민의 발 보도 하루 만에 서울시 심야버스운행'이라는 제목의 내 이름이 실린 인터뷰 기사가 크게 나온 것이다. 눈앞이 캄캄했다. 시장보고도 결정도 이루어지지 않은 상태에서 기사가 먼저 나갔으니 윗선에서 어떤 불벼락이 떨어질지 가늠조차 되지 않았다.

그런데 이 기사를 본 박원순 시장이 곧바로 소셜미디어에 기사를 공유하면서 서울시 정책으로 표방하자, 심야버스운행을 반기는 뜨거운 응원과 격려의 댓글이 쏟아졌다. 박원순 시장은 즉시 나를 불러 적극적인 의논과 함께 다양한 의견을 제시했다. SNS로 소통하는 시민들의 반응이 사업을 추진하는 동력으로 작용했다. 내가 SNS를 긍정적으로 보고 입문한 계기가 되었다. 시민공모로 '올빼미버스'라는 이름이 선정되고 빅데이터 분석을 통해 적절한 노선이 결정되었다. N으로 시작하는 넘버를 단 올빼미버스에 대한 시민들의 반응은 폭발적이었다. 택시업계의 반발이 있었지만 터진 물길을 되돌릴 수는 없었다.

올빼미버스는 확대 운영되었고 하루 평균 6천여 명이 안전하고 편리하고 저렴하게 이용하는 교통수단으로 자리 잡았다. 거기에서 그치지 않고 높은 만족도를 인정받아 제1회 대한민국 지방자치 정책대상을 받았다. 시민들과 함께 대화하며 시민의 힘으로 정책을 완성시킨 것은 색다른 경험이었다. 박원순 시장의 시민 우선정책, 위계 없는 적극 소통의 마인드가 심야버스 올빼미버스를 탄생시킨 원동력이었다. 이전의 시장들과는 전혀 다른 새로운 시장의 등장이자 진면목이었다.

창조와 혁신, 시민이 지하철 9호선 주인이 되다

"시민펀드로 1,000억 원을 모아봅시다. 시민들이 지하철 9호선에 직접 투자해서 주인이 되는 것입니다. 시중 이율인 3%보다 높은 4% 수익만 보장해도 충분히 모을 수 있습니다. 서울시 입장에서는 현재 13%의 이율을 서울시메트로9호선에 제공하지 않아도 되니 큰 이익이지요. 민간자본의 탐욕으로부터 9호선을 회수하고 서울시와 시민이 상생하는 새 길을 열어봅시다. 틀림없이 시민들의 열화 같은 호응이 있을 겁니다."

2012년 박원순 시장의 입에서 나온 시민펀드, 그 한마디가 막혔던 벽을 뚫었다. 창조적이고 혁신적인 아이디어가 넘치는 시장이 내민 신의 한 수였다. 지하철 9호선 시민펀드는 판매 하루 만에 완판되었다. 1천억 원을 하루 만에 모은 것이다. 시민의 힘이 얼마나 강력한지 시민을 신뢰하고 정책을 실현시키는 시장의 마인드에 감탄하지 않을 수 없었다.

서울 지하철 9호선은 다른 노선과 달리 서울시 직영이 아니라 민간자본 메트로 회사가 주인이었다. 당시 지하철 9호선 요금을 500원 인상한다는 메트로의 기습적인 요금인상안이 지하철 역사와 차량에 게시되자 서울시는 발칵 뒤집혔다. 즉시 철회하라는 지시를 메트로가 따르지 않아 직원들이 직접 철거했다. 박원순 시장도 놀라 전화를 했다. 요금인상이 되더라도 200원 내에서 해야 저항 없이 받아들이지 인상안이 너무 높지 않느냐는 의견이었다.

지하철 9호선은 IMF 외환위기로 재정이 어려워진 서울시가 민간자본 맥쿼리에 30년 운영권을 주고 완성했다. 소유자는 서울시지만 운영자는 민간자본인 서울시메트로9호선으로 대주주가 맥쿼리 등 외국업체였는데 개통 후 요금을 둘러싸고 갈등이 많았다. 요금을 정할 권한이 서울시가 아니라 메트로에 있었기에 대중교통의 공공성을 보장하지 못한 채 끌려다닐 수밖에 없는 상황이었다.

IMF 외환위기 당시 서울시는 금융여건에 따라 13%의 높은 수익률 보장을 약속했는데, 위기를 넘기고 금융시장 안정으로 이자율이 한 자릿수로 낮아진 후에도 메트로는 수익률 보장을 이유로 요금인상을 계속 주장했다.

아무리 금융여건이 바뀌어도 동의 없이 일방적으로 서울시가 계약을 변경할 수는 없었다. 수익률을 현재 이자율보다 높은 5%로 조정하자 해도 불가하다는 답만 보냈다. 30년 계약에 겨우 3년이 지난 시기였으니, 남은 27년을 민간자본에 코 꿰인 송아지처럼 울며 겨자 먹기로 끌려다녀야 할 판이었다. 팽팽한 요금조정 줄다리기가 접점을 찾지 못하고 중단된 와중에 서울 메트로는 독자적 인상안을 기습 발표한 것이었다.

다행히 계약서류를 꼼꼼히 다시 점검하는 가운데 중대한 위법사항을 찾았다. 운영면허가 없는 무면허회사에 위탁경영 하는 것은 도시철도법 위반이었다. 박원순 시장에게 즉시 사실을 보고하고 강경하게 대응하기로 결정하고 요금인상공고 철회와 대시민 사과를 요구했다. 요구사항을 수용하지 않으면 협약위반으로 면허와 사업권이 취소될 수 있다고 알렸다. 문제의 책임을 물어 대표이사 해임요구 공문도 보냈다. 맥쿼리 등 해외자본이 민간사업임을 이용해 폭리를 취하고 있다는 뉴스와 시민단체의 비판이 잇따르고 시민들의 반감도 커졌다.

궁극적으로 민간자본의 탐욕으로부터 싸고 편리한 시민의 교통권을 보장할 최선의 방법은 서울시가 9호선 운영권을 되찾아 직영을 하는 것이었다. 박원순 시장은 직영안을 전폭적으로 지지하며 방법을 찾기 위해 머리를 맞대고 골몰했다. 서울시 지하철 9호선은 면허권이 없는 게 밝혀졌으니 새로운 위탁업체를 찾거나 면허권을 받아야 할 참이었다. 앞으로 27년을 더 끌려 다니지 않으려면 이번 기회를 결코 놓쳐서는 안 된다는 절박함이 몰려왔다.

서울시가 지하철을 되찾을 기회가 열렸지만, 이전에 그랬듯이 당장 예산을 마련할 길이 없었다. 정부의 도움이나 국내기업 투자유치나 담보대출은 불가능했다. 문제해결에 강력한 의지를 지닌 창의적인 박원순 시장이 찾은 방안은 시민펀드였다. 마침내 서울시민들은 해외자본으로부터 지하철 9호선을 구입해 주인이 되었다. 탁월한 업적이었지만 박원순 시장은 자랑하기보다는 함께 기뻐했다. 박원순 시장이 특유의 글씨체로 지하철 9호선을 지켜낸 영웅이라고 써서 내게 보낸 카드를 나는 잘 간직하고 있다. 직원들에게 직접 글씨를 써서 엽서를 보내는 것은 직원에 대한 시장의 애정표현이었다. 직원들도 그렇게 시장에게 편지를 써서 축하를 하곤 했다.

섬세함, 촛불 혁명의 우렁각시가 되다

2016년 10월부터 2017년 3월 11일 대통령 탄핵 인용이 결정될 때까지 5개월 동안 주말마다 촛불집회가 열렸다. 세월호 참사의 상흔은 시민들에게 안전한 사회에 대한 열망과 소통하는 지도자에 대한 열망으로 촛불을 들게 만들었다. 토요일마다 전국에서 시민들이 광화문광장으로 결집했다. 차가운 광장에 앉아 촛불을 켜고 대통령 탄핵을 주장했다. 시민들의 물결은 광화문을 넘어 서울시청 앞 광장, 남대문까지 넘쳐났다.

서울시 교통본부가 있는 서소문에서 광화문으로 도저히 이동할 수가 없어 서울시청 옥상에서 워키토키를 들고 교통상황을 보고받고 통제해야 했다. 멀리 광화문 이순신 동상을 중심으로 질서정연하게 자리 잡은 100만 촛불은 30년 가까이 공무원으로 살아온 내 심장을 뒤흔드는 장엄한 경험이었다.

5개월에 이르는 주말 촛불집회가 평화적으로 지속적으로 가능할 수 있었던 이유 중의 하나가 박원순 시장의 뒷받침이었음을 아는 국민들은 몇이나 될까? 촛불집회가 열리던 당시 서울시청의 3대 과제는 화장실 개방, 교통, 청소였다. 서울시의 수백 명 직원들이 소리 없는 우렁각시가 되어 촛불집회 구석구석에서 소리 없이 움직였다.

박원순 시장은 촛불집회가 열리는 광장 주위의 모든 빌딩마다 화장실 협조 공문을 띄우게 했다. 호텔도 화장실을 개방했다. 올빼미버스 6개 노선이 밤 11시 40분부터 다음 날 새벽 5시까지 운행되었다. 지하철은 임시열차가 배치되고 시민의 안전을 위해 무정차 통과가 실시되기도 했다. 촛불집회가 끝난 뒤 협조해준 빌딩 주인들과 직원들에게 시장이 정중한 감사 인사를 전했음은 물론이다.

집회 후 발생하는 쓰레기 청소에 시민들의 적극적인 동참이 있었다지만 신속한 처리를 위해 300명이 넘는 청소원과 청소장비 30대가 주말마다 투입되었다. 조직된 200여 명의 자원봉사자가 지정된 장소에서 화장실 안내와 대중교통 운영을 안내했다.

비폭력 평화시위, 깨끗하고 질서있는 시위로 전 세계가 감탄한 촛불시위의 배후에 이처럼 섬세한 행정이 없었다면 혼란이 컸을 것이다. 묵묵히 꼼꼼하게 100만 촛불시민이 안전하고 쾌적하게 충분히 존중받으며 광장에서 집회를 할 수 있도록 가장 큰 우렁각시 역할을 한 사람이 박원순 시장이었다.

서울 광화문 농민집회에 참여했던 백남기 농민이 진압경찰이 쏜 물대포를 맞아 의식을 잃고 병원에 입원 중이었다. 촛불시민도 물대포 진압예정이라는 소식을 접한 박원순 시장은 특단의 대처를 강구했다. 추운 겨울 시민들이 물대포로 당할 고통을 방지하고자 서울시는 수돗물 제공을 거부하는 묘책을 찾아 물대포를 무력화시켰다. 물대포의 물은 소방수를 연결해서 사용해야 하는데 화재진압 외의 용도로 사용할 경우 징역 2년을 처벌받는 법 조항을 근거로 제시하며 소방수 꼭지를 열어주지 않았다. 시민들은 더 이상 물대포를 걱정하지 않아도 되었다.

정치적 중립을 요구하는 목소리에도 박원순 시장은 시민들의 안전과 편의를 보장해야 한다는 신념을 굽히지 않았다. 그것은 행정과 시민운동의 경계를 아슬아슬하게 넘나드는 일이었으나 박원순 시장은 공격을 두려워해서 신념을 굽히는 스타일이 아니었다. 그는 정치적 야망의 사다리를 타고 최고 목적지에 오르려는 욕망으로 계산을 하는 사람이 아니었다.

서울에서 촛불집회에 참석했던 이들이 서울시청의 우렁각시들과 가장 큰 우렁각시는 박원순 시장이었다는 것을 알고 있을까? 그 창조적 열정, 과감한 판단, 생색내지 않는 겸손함, 일이 끝나면 보상이나 생색 없이 새로운 일에 몰두하는 그 넘치는 에너지가 나는 감탄스러웠다. 그런 시장은 일찍이 본 적이 없는 유형이었다.

남다른 성품, 성인지 감수성이 뛰어난 사람

박원순 시장은 사람을 잘 믿었다. 그것은 때로 지나치게 순진해서 위험해 보였지만, 그랬기 때문에 친구가 많았다. 격의 없이 원순 씨라 부르는 여성들이 많았고, 박원순 시장은 그들을 오랜 친구라고도 했고 동지라고도 했는데, 그런 관계는 나에게 없는 생경한 모습이었다. 그들은 다양한 방법으로 박원순 시장의 조력자이면서 충고자이기도 했고, 감시자이기도 했으며, 도움을 요청하는 이들이기도 했고, 중재자이기도 했다. 박원순 시장은 남녀를 나누어 재단하거나 불이익을 주지 않았다. 나로서는 감히 흉내 내지 못할 페미니스트였다.

박원순 시장은 페미니스트답게 서울시에 엄격하게 강화된 성희롱 사건처리 매뉴얼과 더 엄중한 처벌로 성희롱 사건처리 매뉴얼을 개정하며 강화했다. 2014년 직장 내 성희롱 재발방지 종합대책을 통해 성희롱 핫라인과 괴롭힘 신고시스템 구축, 성희롱·언어폭력 가해자 무관용 원칙 등의 기준을 마련하고 부서 책임자(4·5급 부서장) 연대 책임제까지 시행했다. 직장 내 성희롱·언어폭력에 강력한 인사조치 시행법규도 마련했다.

성희롱, 언어폭력 방지를 위한 인식개선 등 포지티브 접근방식도 병행되었다. 우선 해당 비위 사실에 대한 정확한 심의를 위해 인사위원회 심의방식을 강화하여 가해자의 비위 유형·정도, 과실의 경중 등을 검증하기 위해 시민인권보호관도 조사부서로서 참석한다. 인사위원회의 위원구성에 있어서도 성평등 의식을 갖춘 전문가를 1·2위원회별 각 2명씩 의무적으로 위촉하여, 성 비위 사건에 대한 징계 심의 시 공정하고 엄격한 심의를 위해 부시장인 내가 직접 심의에 참석했다. 그 모든 매뉴얼을 검토하고 지시하고 강조한 이가 박원순 시장이었다. 그 내용을 가장 잘 인지한 이도 박원순 시장이었다.

원순 씨는 홀로 고뇌하다 싸우지 않고 사라지는 길을 선택했다. 나는 한 번도 원순 씨라 불러본 적은 없지만 내가 경험하고 느꼈던 기억들을 바탕으로 그를 몇 번이나 되돌린다.

오! 나의 변호사님, 오! 나의 시장님

장영승(前 서울산업진흥원 대표이사)

변호인으로 처음 만나 아름다운가게 면접관으로 재회하다

"면접 생전 처음으로 보는 거지요?"

2005년 여름 어느 날, 안국동 아름다운가게 사무실 3층 회의실에서 국장과 간사들과 함께 면접을 진행하던 박원순 당시 아름다운가게 상임이사(이하 박원순 시장님으로 호칭 통일)는 나에게 웃으며 질문을 했다. 1990년도에 창업을 해서 2005년 초 교통사고가 나기 전까지 계속 한 회사의 대표를 하고 있었던 나로서는 취업 면접을 볼 기회가 전혀 없었던 것이 사실이었다. 그걸 잘 아는 박원순 시장님은 어색한 면접 분위기를 풀어주기 위해 그 질문을 했던 것이었다. 다행히 그날 나는 면접에 합격을 해서 그 후로 1년여 동안 아름다운가게 간사역할을 했다.

그런데 사실 나와 박원순 시장님과의 인연은 그보다 더 오래

전인 20년 전으로 거슬러 올라간다. 내가 1985년 서울 미국문화원 점거사건으로 구속이 되었을 때 당시 박원순 변호사도 변호인 명단에 이름을 올렸기 때문이었다. 교도소 안에 있었던 나로서는 직접 뵐 기회가 없었지만, 바깥에서 민가협(민주화실천가족운동협의회) 활동을 열심히 하셨던 어머니는 민가협 사무실 혹은 거리의 농성장에서 박원순 변호사를 거의 매일 만났다고 말씀하셨다.

당시 박원순 변호사는 부산 미국문화원 방화사건, 부천경찰서 성고문 사건 등 굵직굵직한 사건을 맡았던 젊은 인권변호사였고, 명단에 이름만 올린 다른 변호사들과는 달리 정말 성심성의껏 최선을 다했다고 한다. 덕분에 우리 어머니는 그 후로 박원순 변호사를 무한 신뢰했고, 어머니들의 투쟁에 감동한 박원순 변호사도 내게 항상 어머니의 안부를 먼저 물어보시곤 했다.

나는 아름다운가게에서 특수사업국이라는 괴상한 이름의 조직의 책임자로서 1년여 동안 일을 했다. 특수사업국이란 박원순 시장님이 직접 작명한 것으로, 소위 공정무역, 업사이클링 사업 등 그동안 아름다운가게가 하지 않았던 새로운 사업을 추진하는 조직이었다. 나는 당시 아름다운가게가 사회적 기업으로서의 역할을 다할 수 있도록 기업으로서 가치창출구조와 조직 내에 기업가정신을 담는 것이 내 역할이라고 생각했고, 시장님이 요구하신 특수사업국 일을 나름 열심히 했다.

그러나 아름다운가게는 이윤추구가 주된 목적인 기업이라기보다는 시민운동단체였다. 그리고 박원순 시장님으로부터 끊임없이 튀어나오는 아이디어를 현실화하는 일이 나로서는 역부족이었다. 한계를 느낀 나는 결국 다리 골절로 목발을 짚고 다녔던 아름다운가게 생활을 1년여 만에 서둘러 마치고 다시 본업인 벤처업계로 되돌아왔다.

서울산업진흥원 대표이사 자리를 맡다

아름다운가게를 그만둔 후 나는 다시 벤처업계로 돌아와서 작은 투자회사를 창업하여 경영했다. 하지만 힘이 들어 매각하고 그냥 어떤 재벌기업 통신사의 자회사에서 전문경영인 생활을 하기로 결심했다. 월급쟁이 대표이사 생활을 10여 년 동안 하다 퇴직을 했고 인생 2막을 준비하기 위해 한국예술종합학교 예술전문사(대학원) 과정에 입학했다. 그 사이에 박원순 시장님은 서울시장이 되었고 몇 년 후 2014년 세월호 사건이란 슬픈 일이 생겼다. 누구에게나 마찬가지였겠지만 나에게도 그 사건은 감당하기 어려운 슬픔이었고 내 삶은 다시 요동치기 시작했다.

당시 나는 한국예술종합학교에 다니면서 '서촌 갤러리'라는 작은 갤러리를 하고 있었는데, 그 갤러리는 세월호 사건이 터지

자마자 일반 전시를 멈추고 세월호 아이들의 평범한 꿈을 알리고 함께하기 위한 공간으로 사용되었다.

바로 그 서촌 갤러리에서 박원순 시장님을 10여년 만에 다시 만나게 되었다. 2014년 7월의 무더운 어느 날, 박원순 시장님은 항상 그랬듯이 배낭을 메고 조용히 나타났다가 그림을 감상하신 후 조용히 사라지셨다. 그 후 나는 세월호 아이들을 잊지 않기 위한 노력으로 '꿈이룸학교'라는 대안학교를 영등포구에 만들었고, 학교 재정확보를 위해 작은 회사를 만들어 돈을 벌기 위해 분투 중이었다. 그러다가 2018년 4월 어떤 지인으로부터 서울산업진흥원 대표에 응모하면 어떻겠냐는 제안을 받았다. 선뜻 용기가 나질 않아 처음에는 사양했지만 고심 끝에 결국은 9월경 응모를 하게 되었다.

서류를 준비하고 업무수행계획서를 작성하면서도 사실 자신은 없었다. 전과자에 실패한 경영자가 감히 공공기관장에 응모한다는 것이 언감생심이라는 생각이 들었다. 그러나 서류심사와 임원추천위원회의 면접심사 끝에 마지막 두 명의 후보 중에 포함되었다는 연락을 받았다. 그리고 후보자 중에 내가 포함되었다는 사실을 그제야 알게 된 시장님이 "제가 아는 장영승이요? 그 자유로운 영혼이 할 수 있겠어요?"라는 말씀을 하셨다는 이야기도 전해 들었고 '역시 떨어졌구나'라고 생각했다. 그러나 그날 자정이 다 되어 시장님이 고심 끝에 사인을 하셨다는 인사비서관의 전화를 받았다.

나는 서울산업진흥원에 부임을 하자마자 1주일 만에 서울시 의회 행정감사를 받았다. 업무를 파악하기는커녕 내 개인PC 세팅도 하기 전에 감사를 받느라 애를 먹었는데, 행정감사가 끝나자마자 이번엔 시장님이 서울산업진흥원이 운영하고 있는 어떤 시설에 오신다고 해서 부랴부랴 시장님을 맞이하러 나갔다.

박원순 시장님께 임명장을 받고 나서 처음으로 뵙는 자리였는데 그 시설을 둘러보시고 몇 가지 질문을 하시더니, 대뜸 나에게 "당신들 돈이면 이렇게 하겠어요?"라고 화를 내셨다. 시민의 소중한 세금이 꽤나 투입되었는데 성과가 미흡한 것에 대한 따끔한 질책이자 앞으로 내가 맡았으니 잘하라는 분명한 요구였다. 그날 현장 분위기가 꽤나 살벌했는지 함께 방문한 서울시 공무원들 여러 명이 그날 저녁 나에게 위로의 전화를 해주었다. 하지만 나는 "걱정 마세요. 시장님께서 왜 그러셨는지 저는 잘 알아요!"라고 말했다.

또 다른 삶을 살 수 있는 기회를 주신 분

나는 그 후로 정말 열심히 일을 했다. 회사에 제일 먼저 출근했고 제일 늦게 퇴근했다. 주말도 없었고 내 소유의 회사를 경영하듯이 하루 24시간 일 생각만 했다. 서울산업진흥원이란 곳은 참으로 많은 일을 하는 곳이었다. 그러다 보니 일을 하려고 들면 과로사 한다는 말이 딱 들어맞는 곳이었다.

부임 첫해 시장님이 서울산업진흥원에 방문하셔서 “바로 옆에 서울메이드 매장을 내세요.”라고 하시면서 중소기업제품의 해외유통을 위한 새로운 브랜드를 만들라고 지시를 하셨다. 나는 ‘서울메이드’라는 브랜드를 만드는 데 집중했고, 1년도 채 안 돼 브랜드를 론칭하였다. 그리고 2019년 7월 어느 날, 서울메이드 브랜드의 팝업 스토어 행사를 위해 베트남 하노이에 출장 중이었는데 시장님이 전화를 주셨다.

“제가 남미에 순방을 가는데 수행으로 따라 오세요. 우리 중소기업 제품을 남미에도 팔아야 할 것 아닙니까. 순방 팀에게 이야기해놓을 테니 곧장 멕시코로 오세요.”

결국 나는 베트남 하노이에서 멕시코로 날아가야 했다. 멕시코에 도착했는데 서울시 수행원들이 졸지에 멀리까지 불려온 나를 측은한 표정으로 바라보았다. 그런데 막상 와서 상황을 보니 시장님이 나를 급히 부를 만한 이유가 있었다. 각 정상들과의 회의에 항상 경제와 스타트업 생태계는 주된 주제가 될 수밖에 없었고 누군가 옆에서 보좌를 해야 했기 때문이었다. 관련 회의는 멕시코, 콜롬비아 메데진, 보고타에서 연일 이어졌고, 그 나라 정부 관료들은 서울의 산업과 창업 생태계에 대해 관심이 많았다.

그때마다 박원순 시장님은 그들에게 열정적으로 설명을 했고 회의가 끝나면 항상 나에게 숙제를 남겼다.

남미에서의 한류는 대단했다. 멕시코 길거리에서 K-Pop을 부르며 춤을 추는 젊은이들을 발견하기 어렵지 않았다. 청년들은 서울메이드 티셔츠를 입고 다니는 나에게 한국이 독일을 이긴 덕분에 멕시코가 16강에 진출할 수 있었던 지난 월드컵 축구 이야기를 하며 고맙다고 반겨주었다. 마침 콜롬비아의 어느 대형 공연장에서는 K-Pop 경연대회가 열리고 있었다. 깜짝 방문한 박원순 시장님을 보고 수천 명의 콜롬비아 청소년들은 마치 한국의 아이돌 스타에게 환호하는 것처럼 열렬히 맞이해주었다. 꽤나 감동하셨던지 1년 내내 그 말씀을 하시며 그런데도 그 나라에 한국 중소기업 물건을 왜 못 파느냐고 타박하셨다.

을지로 롯데백화점 건너 프랑스 밀랍인형을 전시하고 있었던 서울 그레뱅 뮤지엄Grévin Seoul Museum이라는 곳이 서울시 소유라는 것을 알게 된 것은 2019년 말이었다. 중국의 사드 보복 때문에 중국 관광객이 줄어 뮤지엄 경영이 악화되어 서울시에서 골치 아파하고 있다는 소식을 듣고 나는 가슴이 뛰었다. 그 공간이 바로 나와 박원순 시장을 만나게 해준 미국문화원이 있던 자리이기 때문이었다.

원래 그 공간은 미쓰이 물산이라는 일본기업이 1937년도에 사옥으로 지은 공간이다. 그런데 일본이 물러나고 그 공간을 미국이 차지했다. 1990년대 초반까지 미국문화원으로 사용하고 있다가 미국문화원이 옮기면서 프랑스 밀랍인형을 전시하는 민간 전시업체에게 대여가 되고 있었다. 나는 그 사연이 많은 공간을 복원하고 새로운 가치를 담아 시민들에게 돌려주고 싶었다.

2020년 초 시장님께 새해 사업계획을 보고 드리면서 그 제안을 했다. 잠시 생각하시더니, "하하… 인연이란 참… 장대표가 결자해지 하세요." 서울시와 서울시의회를 설득하여 2021년 5월경 추가경정 예산을 확보하였고 현재 서울산업진흥원이 운영, 관리하는 공간이 되어 2022년 개관을 앞두고 있다.

박원순 시장님은 내가 어려울 때 항상 옆에 계셨으며 또 다른 삶을 살 수 있는 기회를 주신 분이다. 나는 아직도 박원순 시장님이 떠나셨다는 것이 실감이 안 된다. 아직 내 전화기 텔레그램은 박원순 시장님의 메시지를 기다리고 있고, 시장님이 지시하신 내가 해야 할 일들이 아직도 산더미인데…. 박원순 시장님이 나에게 혹은 공식 회의석상에서 자주 하신 말씀으로 글을 마무리 짓는다.

"제가 당신들을 믿고 맡겼습니다. 시민을 위하는 것이라면 절대 굴하지 말고 소신껏 하세요. 기존의 규칙은 깨도 좋습니다. 책임은 제가 지겠습니다."

박원순과 함께한 디딤

윤영진(혁신정책네트워크 디딤 前 이사장)

대선 정책자문 조직 '혁신정책네트워크 디딤'을 만들다

강원도 홍천 살둔마을의 4월은 봄이 왔지만 아직 봄색이 드러나진 않았다. 그러나 촘촘히 들어선 나무들에 파릇파릇한 잎이 나오기 시작한 걸 보면 봄은 시작되고 있었다. 그곳에 정착한 어느 변호사 부부가 전통 술을 담그며 숙소를 만들어 쉼터를 제공하고 있었다. 그곳에서 20여 명이 모여 박원순과 함께 일박을 하며 마신 막걸리 맛은 아직도 잊을 수 없다.

대통령 선거를 코앞에 둔 2017년 4월 박원순은 우리와 술잔을 기울이며 단호히 말했다. "5년 후 대선에 반드시 나갑니다. 다시 한번 도와주십시오. 국정운영을 준비하는 데에는 시간적 여유가 충분해야 한다는 생각이 들었습니다." 우리는 그의 요청을 기꺼이 수락하며 술잔을 높이 들어 결의를 다졌다.

촛불 시민혁명이 광화문을 중심으로 한창 진행될 때 박원순 시장의 역할은 지대했다. 매일 광화문 광장에 나가 정치적 소신을 밝혔을 뿐만 아니라 화장실을 비롯한 시민들의 안전과 편의를 위해 최선을 다했다. 그러나 그의 헌신과 강력한 정치적 메시지에 비해 여론조사에서의 대통령 후보 선호도는 높게 나오지 않았다. 한번 대선 패배를 경험한 문재인 후보의 지지도가 높았기 때문이기도 하지만 박원순 시장의 지지율이 낮은 것은 안타까운 일이었다. 그런 영향 때문이었는지 어느 날 박 시장은 돌연 대선 출마 포기 선언을 했다. 당시 대선 정책자문단에게는 사전 협의도 통보도 없었기에 충격이었다. 그러나 지금 생각하면 '작은' 충격이었다.

강원도 홍천 모임은 이러한 출마 포기 선언 이후 다시 모인 자리였기 때문에 새로운 봄이 시작되는 희망의 분출구였다. 한국 사회를 새로이 설계해보고자 하는 '혁신정책네트워크 디딤'이 태동하는 순간이었다. 한국사회의 비전을 모색하고, 전문가들의 네트워크를 구성하며, 혁신세력 구축을 위한 정치지도자와 대중을 교육하는 것을 목표로 한 조직을 구상했다. 싱크탱크로서의 조직을 만드는 사전 절차의 일환으로 3차에 걸친 포럼이 진행되었다. 1차는 임동원 전 장관의 통일정책, 2차는 이인영 의원의 바람직한 분권형 국가, 3차는 장덕진 교수의 시민민주주의에 대한 주제로 발제와 토론이 진행되었다. 세 번의 포럼에는 모두 박원순 시장이 토론자로 참여했다.

2019년 7월 27일 서울 무계원에서 가진
디딤 여름 워크샵에서 발표하는 필자

워크샵을 마치고 나와서 찍은 단체 사진.
(앞줄 왼쪽에서 두번째가 필자, 윗줄 두 번째는 박원순 시장)

사전 준비 작업을 거쳐 2017년 11월 '혁신정책네트워크 디딤'이 공식 출범했다. 내가 상임대표를 맡고 공동대표로 이태수 교수가 참여했으며, 이후 박경, 김영철, 정진성 교수가 합류했다. 각 분야 위원장은 임승빈, 박두용, 이창현, 권병웅, 이나영 교수가 맡았으며, 이후 조직개편과 참여자의 변동이 있었다. 그리고 20여 개 분과를 구성하고 교수, 변호사, CEO 등 120여 명의 전문가들이 함께하였다. 이후 참여한 전문가들이 230여 명으로 늘었다.

한편으로 재정적 후원을 해준 대외협력 이사들이 10여 명 참여했고, 사회 각계 원로들을 중심으로 한 자문단이 꾸려졌다. 다만 이사장을 추대하기 위해 여러 사람을 접촉했으나 최종 결정을 못 내려 내가 이사장을 당분간 겸임하기로 하고 디딤이 출범했다. 이후 강철규 교수님이 이사장직을 수락하셔서 모시기로 했으나 모 정당의 직책을 맡고 계셔서 취임이 계속 늦어졌다.

이렇게 디딤에 많은 전문가들이 모이게 된 데는 촛불시민혁명을 계기로 국가 재설계와 미래 교체의 필요성을 강하게 느끼는 분들이 많은 점이 작용했다고 본다. 그러나 그에 못지않게 박원순의 시대를 보는 시선과 비전 그리고 인품 등이 크게 작용한 것으로 생각한다. 실제로 내가 접촉한 많은 전문가들은 박원순과 함께 일할 기회를 기꺼이 수락했으며, 그것은 박원순의 가치와 인품에 공감한 결과였다. 박원순의 인권변호사, 시민운동가,

사회혁신가, 서울시장을 거치면서 함께한 많은 동지들과 전문가들이 여러 갈래 있었던 것으로 안다. 서울대병원 장례식장에서 그 네트워크 실상의 일면을 볼 수 있었다.

디딤은 각 분과별로 정책토론회를 갖고 필요한 경우 월례 발표회를 통해 논의를 확산했다. 몇 차례 1박2일의 워크샵을 개최했다. 그때마다 많은 회원들이 참석하고 박 시장이 직접 참석하여 의미있는 모임이 되었다. 경기도 양평(2017년 10월), 연천(2018년 7월), 전남 영광(2018년 10월), 서울 무계원(2019년 7월)에서의 워크샵은 활발한 토론과 회원들의 친목을 도모하는 즐거운 자리였다. 박 시장도 스스럼없이 어울리는 모습을 보여주었다. 디딤 운영과 관련하여 회원들 모임은 가급적 즐겁게 하자는 모토를 내세웠는데 대체로 그렇게 진행되었다. 특히 2017년부터 2019년까지 매년 개최된 송년회 모임은 이동연, 권병웅 교수 등이 기획하여 회원들의 즐거움을 배가시켜주었다. 첫 해에는 광주에서 박원순을 지지하는 국악단원들이 상경하여 공연을 해주기도 했다. 이제는 사진 속 추억으로 남았다.

디딤 창립 준비과정으로 진행했던 포럼이 계속되었고, 서울연구원과 공동으로 경제 분야 학습 및 정리하는 시간을 3개월 정도 가졌다. 포럼과 학습 과정에 박 시장이 직접 참석하여 의견을 제시했다. 경제 분야는 국가 지도자로서 충실한 학습이 되어 있어야 한다는 판단이었는데 박 시장의 경제 학습에 임하는 자세는 매우 열심이었다. 일본의 무역규제에 대한 대응에 대해서도 서울연구원의 도움으로 체계적인 정리를 할 수 있었다. 그리고 회원들이 전공영역별로 2~3쪽 분량의 혁신 리포트를 주기적으로 발표하였다. 혁신 리포트는 회원들 간에 공유했는데 매우 유용한 내용이었다. 발표된 혁신 리포트는 책으로 발간하여 2019년 송년회에서 출판 기념회를 함께 가진 바 있다.

이러한 디딤의 활동은 한국사회의 새로운 비전과 그것을 실현할 정책대안을 모색하는 과정이었다는 점에서 의미있는 작업이었다. 그러나 그보다 박원순과 함께할 수 있어서 더욱 의미가 깊고 즐거운 시간이었다.

민주주의와 행복국가 - 박원순이 지향한 가치

내가 박원순을 알게 된 것은 1998년 경실련 예산감시위원장을 맡으며 시민운동을 시작할 때였다. 당시 박원순은 참여연대 사무처장을 맡으며 우리 단체 행사에 격려차 참석하곤 했는데 그때 처음 인연을 맺었다. 이후 '함께하는 시민행동'에서 '밑 빠진 독상'과 같은 예산감시운동과 주민소송제 등의 제도개혁 운동을 할 때 참여연대 정보공개사업단(단장 하승수 변호사)과 함께하면서 시민운동 맥락에서 간접적 인연이 지속되었다. 직접적 인연은 박원순이 서울시장에 출마하면서 구성한 정책자문위원으로 참여하면서부터다. 그리고 대통령 선거를 위한 정책캠프에 참여하면서 조금 더 가까운 관계를 맺게 되었다.

사람과 사람이 관계를 맺는다는 것은 여러 가지 요인이 작용할 수 있다. 내가 박원순을 기꺼이 도우려 했던 것은 그가 추구했던 비전과 이념에 공감하고, 그의 민주적 지도자로서의 자질, 도덕성 등을 높이 평가했기 때문이다. 단순히 정치적 이해관계로서 맺은 관계라면 오래가지 못했을 것이다. 박원순은 시대적 요구에 부응하는 리더임이 분명하고, 한국사회의 미래를 맡겨도 되는 인물임을 부정할 수 없다. 그만큼 박원순을 잃은 것은 한국사회의 큰 손실이다.

박원순이 지향한 가치를 얘기할 때 인권, 혁신, 공동체, 소통, 공감, 소프트웨어, 사회적 경제, 실용주의 등 다양하게 제기할 수 있을 것이다. 그러나 나는 여기서 박원순이 지향한 가치에 대해 두 가지를 들고자 한다. 하나는 민주주의이고, 다른 하나는 행복국가이다.

박원순은 철저하게 민주주의가 몸에 밴 사람이다. 인권 변호사를 지냈기 때문이 아니라 그가 사람과 소통하고 문제에 접근할 때 보여준 행태가 늘 자유롭고 민주적이다. 나와는 주로 텔레그램과 전화로 소통하는 경우가 많았는데 항상 격의 없이 자유로운 대화를 나누었다. 불쑥 전화를 걸어와 장시간 의견을 나누고 나의 자문을 받을 때의 모습은 막힘이 없고 자유로움 그 자체였다.

박원순 시장과 함께 찍은 단체사진을 보면 항상 가운데 앞자리에 있지 않고 뒷자리에 서 있어 얼른 찾아보기 어렵다. 권위적인 걸 싫어하고 나보다 남을 먼저 내세우는 그의 행태는 사람들과의 자연스런 소통과 신뢰를 형성하는 역할을 했다고 생각한다. 민주주의는 박원순이 지향한 가장 기본적 가치임은 분명하다.

박원순이 지향한 또 다른 가치는 행복국가이다. 그가 '행복국가'를 직접 지칭하여 내세운 바는 없다. 그러나 그가 말한 한국사회의 비전과 정책대안들을 검토해 보면 그가 꿈꾼 한국사회의 비전은 '모두가 행복한 행복국가'임을 알 수 있다. 내가 박원순에게 보낸 마지막 텔레그램메시지는 '국가비전으로서의 행복국가와 보편적 기본서비스'이다. 박원순의 국가비전과 철학을 정리한 것으로 핵심 내용은 다음과 같다.

'행복국가론'은 '성장 너머 행복'이라는 담론으로서 이미 사회과학계의 주류담론으로 자리잡았다. '행복국가'는 복지국가와 포용국가를 넘어선 패러다임이다. 복지국가와 포용국가는 국가의 궁극적 목표라기보다 전략적 목표에 해당한다. 복지국가와 포용국가는 '국가' 단위의 목표이지만 '행복국가'는 '국민' 단위의 목표다. 유발 하라리는 국가, 기업 등은 허구이며, 이들은 고통을 느끼지 못한다고 말한다. 국가가 패전하거나 기업이 적자를 보는 경우 국가와 기업이 고통스러워 한다는 것은 단순한 은유에 지나지 않으며, 그 고통은 국민과 기업 구성원의 몫이다. 국가와 기업은 감정이 없으니 괴롭지 않으며, 국민과 구성원의 고통이 가장 현실적이다.

행복국가론은 행복 증진 측면에서는 웰빙지표(한국형 GNH)와 웰빙예산을 '국민과의 협약' 형태로 제시할 수 있다. 불행 감소 측면에서는 사회적 약자와 소외계층의 눈물과 고통을 없애주는 정책을 펴는 것이다. 고통의 원인이 명확하고 정책대상집단이 분명하기 때문에 정책효과가 더 크다. 국가의 역할은 곧 국민의 고통을 없애고 눈물을 닦아주는 것이다. 박원순이야말로 국민의 고통을 없애고 눈물을 닦아줄 수 있는 적임자이다.

'행복국가'라는 국가비전을 실행할 수 있는 전략이 '보편적 기본서비스(Universal Basic Service: UBS)' 이론이다. UBS는 국가(지역)의 모든 시민에게 세금에 기반하여 정부가 접근 가능한 다양한 무료 공공서비스를 제공하는 사회보장제도로서 기본소득(Universal Basic Income) 문제점에 대한 비판에서 출발했다. 빈곤퇴치, 불평등 축소, 모든 사람의 행복 및 공동체적 연대성 증대를 위한 정책으로서 더 효과적이고, UBS가 UBI보다 우선해야 한다는 주장이다. 영국 UCL(University College London)이 제안한 7대 보편적 기본서비스 영역은 보건의료, 교육, 주거, 교통, 민주주의/법률, 음식, 정보이다.

나는 텔레그램으로 박 시장에게 다음과 같은 의견을 보냈다. 우리로서는 UBS를 포괄할 기본개념으로 '생활기본권' 개념을 만들어내면 좋겠다. '기본서비스-생활기본권-행복국가'의 구조를 구성하는 것이 내가 의도하는 것이다. '생활기본권'은 헌법(제34조 ①항)에 보장된 "모든 국민은 인간다운 생활을 할 권리를 가진다."는 사회권을 구체화한 권리로서 국가는 이를 보장할 의무와 책임이 있다는 의미이다.

텔레그램으로 보낸 이러한 나의 의견은 이후 계속 논의될 예정이었으나 결국 중단되고 말았다. 아직도 텔레그램에 남아 있는 나의 마지막 글을 보면 안타깝기 그지없다. 그러나 "모든 국민은 인간다운 생활을 할 권리를 가진다."는 헌법상의 권리는 박원순이 추구한 가치로서 우리가 계승해야 할 과제다. 박원순의 가치는 지성에 감성이 결합된 것이 특징이다. 감성이 없는 지성은 가치를 얻지 못한다. 감성은 인간성의 가치를 부여하며 포괄적인 시야를 위해 필수적이다. 우리가 박원순의 가치를 계승·발전시켜야 할 논거이다.

7장

따뜻하고 치열하고 순박한 사람 -선배들이 기억하는 박원순

어쩌다 보니…어쩔 수 없이

김정헌(화가, 4·16재단 이사장)

글 제목처럼 그와는 '어쩌다 보니' 만났다. 사람 박원순이 아니고 그의 고향 근처에서 들판 앞에 떡 버티고 서 있는 바위산을 만났는데 그 바위산 뒤가 박원순의 고향이라는 것이다. 아마 20~30년 전 창녕 근처였을 것이다.

그때 내가 그 자리에 간 것은 이미 작고하신 무형문화재 영산 줄다리기의 조성국趙星國 선생이 직접 감독하는 영산 줄다리기 행사를 보기 위해서였다. 매년 3·1절에 열렸으므로 초봄이었을 것이다. 물론 '줄다리기' 행사에 참여하기 위해 간 것이었지만 그 앞에 보이는 바위산이 나한테는 그와의 운명을 암시하는 것으로 보였다. 그 바위산은 작았지만 단단하고 또 당당해 보였다. 당시 박원순은 참여연대를 조직하고 이름을 떨치기 시작했을 때였다.

두 번째 만남은 완전히 정치적이고 사회적인 활동의 일환이었다. 1999년도 시민단체인 '문화연대'를 창립한 지 얼마 안 되었던 2000년 초여름이었다. 그해 국회의원 선거를 겨냥해 참여연대 박원순, 환경운동연합 최열 등 시민단체의 맹장들이 낙천·낙선 운동을 펼치기 위한 '총선 시민연대'를 꾸몄다.

문화 쪽 시민단체를 표방한 '문화연대'에도 참가를 요청해왔고, 집행위원장이던 나는 바로 합류했다. 문화연대 대표들이 있었지만 공동대표로 여러 명이 선임되어 있어 집행위원장인 내가 나선 것이기도 했고, 사무실도 없이 이리 저리 영화 관계 사무실 같은 곳을 무상으로 빌려 쓰는 등 초라한 살림을 면치 못할 때라 그들 메이저 시민단체와 같이 일을 하면서 시민단체의 운영에 대한 요량을 배울 겸 해서였다.

총선 시민연대의 활동은 총선 전에 여러 명의 낙천자 명단을 발표하는 등 엄청난(?) 위력을 발휘했다. 하루는 낙천자 명단에 들어간 한 인사(평소 알던 《꼬방동네》를 쓴 이동철 작가다)가 나에게 전화를 걸어 와 대뜸 욕지거리부터 하면서 나한테 따졌다. 나는 우물쭈물 변명하기에 바빴다. "어~ 그게 내가 한 게 아니고… 심의위를 거쳐 우물쭈물~." 하여튼 화가로서 '문화정책'의 틀 안에 갇혀 있던 나는 처음으로 예술과 문화도 사회적이고 정치적인 일에 참여해야 한다는 경험적 교훈을 얻었다. 다 박원순을 만난 덕분이었다.

그러고 나서 그와 나는 자주 시골 마을을 같이 답사 다니곤 했다. 무주에 흙으로 공공 건축을 시도했던 내 친구 정기용과, 때로는 지역과 마을에 관심 있던 조한혜정 교수 등과 답사를 다니며 마을 공동체에 대한 공부를 한 셈이다. 나는 이 마을답사와 공부를 바탕으로 이명박 정부의 유인촌 장관으로부터 한국문화예술위원장(한 지붕 두 위원장 사건으로 잘 알려짐)에서 해임 당하고 나서 평소에 하고 싶었던 '마을 살리기 운동'에 뛰어들었다.

젊은 예술가 몇 명과 함께 '예술과 마을 네트워크(줄여서 예마네)'를 만들었다. 얼마 후 제천의 대전리라는 곳에 폐교를 빌려 마을 주민들과 함께하는 '마을 이야기 학교'를 꾸려 이 폐교에서 한 4년 활동을 했다. 주로 마을 주민들이 살아온 삶의 얘기를 듣고 이를 자그마한 마을 잡지를 만들어 싣기도 했고 옛날 영화를 빌어다 '마을 영화제'를 만들어 주민들과 함께 즐기기도 했다.

그런 와중에 백두대간을 타던 박원순이 이 '마을 이야기 학교'에 들렀는데 그해 아마 서울시장 보선에서 당선되어 서울시장이 되었을 것이다. 그때 박원순은 마을 노인들과 마을 공동체에 대한 이야기를 나누었다. 몇 개월 뒤에 그가 서울시장이 된 걸 알게 된 동네 노인들은 나에게 "아니 여기 왔던 박원순이 서울시장이 됐는데 김 교수는 빨리 서울 올라가 한 자리 해야 할 것 아니냐고?" 하며 시골 사람들답게 진지한(?) 농담을 건네오기도 했다.

박원순과의 마지막 만남은 2020년 초 내 개인전(평창동에 있는 '김종영미술관'의 김정헌 초대전)에서였다. 그 전시회 제목이 〈어쩌다 보니… 어쩔 수 없이〉였다. 우리의 인생은 어쩌다 보니 우연

개인전을 찾아온 박 시장과의 만남

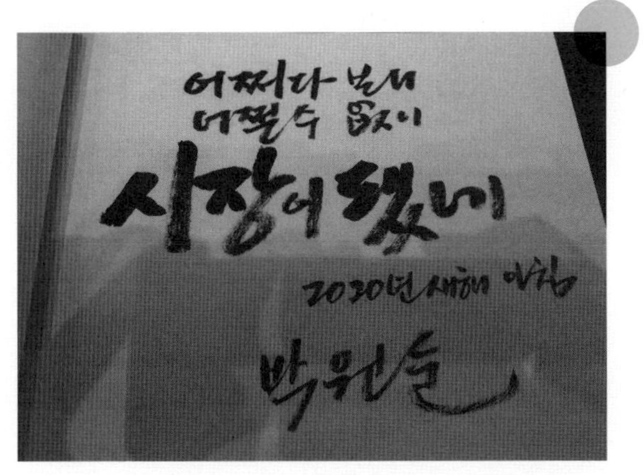

박 시장은 내 개인전 휘호를 방명록에 남겼다.

의 장난으로 태어나, 어쩔 수 없이 죽어야 한다. 지금도 나의 생각은 마찬가지다.

그림에 대한 나의 설명을 다 듣고 난 그에게 내가 한마디 했다. "박 시장도 어쩌다 보니, 또 어쩔 수 없이 시장이 된 거 아닌가?" "그렇죠" 하더니 그는 방명록에다 정말 나의 전시 제목을 그대로 휘호로 남겼다.

"완벽함만이 최상은 아니다. 과유불급過猶不及 모든 일을 함에 있어서는 항상 부족함이 있어야 한다." 나는 그의 선배로서 그에게 할 말이 없다. 아니 할 말은 많은데 이제는 그가 없다. 무척 아쉽다.

따뜻하고 치열하고 순박하고 탁월한 사람

이병남(前 LG인화원장)

고교 후배지만 공사 구별이 확실한 관계

1995년 봄이었습니다. 여의도 트윈타워에 제 사무실이 있었는데 고교 1년 후배인 박원순 변호사가 오후에 들렀습니다. 이 얘기 저 얘기 하다가 그가 하는 말이 자신은 시민운동을 하기로 했다는 겁니다. 그래서 제가 "아 그것 참 잘 생각했네. 우리나라에도 그런 활동이 필요할 때가 된 것 같아. 그런데 자네는 무슨 역할을 맡았나?"라고 물었더니, 변호사 사무실을 하면서 겸직으로 또는 파트타임으로 하는 것도 아니고 상근으로 사무처장을 한다는 거였습니다. "아니, 그럼 뭐 먹고 사나?" 했더니, "아, 형님, 저 변호사 하면서 민사 사건 맡아서 진 적이 없습니다. 많이 벌어 놓았습니다."라고 답하는 것이었습니다. 아무리 그래도 그렇지, 정말 이 친구가 대단한 결심을 했구나 하는 생각이 들었습니다.

제가 박원순을 처음 만난 것은 1976년 대학 4학년 즈음이었습니다. 고교 동기들과의 공부 모임에 한 친구가 아주 똑똑한 후배라고 하면서 데리고 왔었지요. 그는 당시에 이미 서울대학교에서 제적당한 후 단국대 사학과를 다니고 있었던 것으로 기억합니다. 그 후 서로의 삶이 궤적을 달리 하여 오랫동안 만나지 못했지요. 저는 미국에 유학하여 박사학위를 받고 대학에서 가르치다가 1995년에 15년 만에 귀국하여 기업에서 일하기 시작했습니다. 그러면서 앞으로는 기업의 사회적 책임이 강하게 요구되는 시절이 온다고 생각했고 후배인 박원순 변호사가 그 정도로 결심하고 하는 일이라면 도와야겠다고 생각했습니다.

하루는 참여연대 사무실을 방문하게 되었습니다. 용산역 앞에 사무실을 얻어서 쥐똥과 거미줄을 치우고 먼지를 쓸어내고 닦고 칠하는 작업이 한창이었습니다. 살펴보니 책상과 의자 정도만 갖추었고 컴퓨터도 네트워크도 안 되어 있었습니다. 그런데 저의 회사에서는 몇 년에 한 번씩 IT기기를 교체하는데 마침 그 시기와 맞물렸기에 좋은 곳에 기부하겠다고 하고 그걸 모두 가져다가 용산 사무실에 설치하도록 했습니다.

실은 당시 회사 분위기는 참여연대에 대해서는 전혀 호의적인 상황이 아니었기에 저는 개인적인 차원에서 조용히 도울 수밖에 없었습니다. 참여연대에 이어서 아름다운재단과 아름다운가게를 시작했을 때, 또 이어서 희망제작소를 시작했을 때도 그런 방식으로 드러나지 않게 도왔습니다.

1997년 11월 외환위기가 닥쳤습니다. 그런데 마침 참여연대 내의 경제민주화센터는 당시 5대 재벌그룹에 각 한 회사씩 집중감시대상 기업을 선정했는데 LG의 경우에는 LG반도체를 선정했습니다. 한편 새로 출범한 정부의 반도체 빅딜 정책에 따라 LG는 당시 규모가 상대적으로 작았던 현대반도체에 사업을 넘길 수밖에 없는 상황에 처했습니다. 이런 와중에 집중 감시 대상이 된 LG반도체는 참여연대와의 대화 창구가 필요했고 제가 그 역할을 하게 되었습니다.

그 이후 외환위기를 넘어서면서 LG는 재벌체제에서 지주회사체제로 지배구조를 선진화하는 작업에 착수했습니다. 그 과정에서 비상장 주식회사의 주가를 산정하는 문제를 놓고 참여연대는 LG에 문제제기를 해왔고 저는 다시 대화 창구 역할을 하게 되었습니다.

저는 회사내에서, "우리가 소위 글로벌 기업이 되겠다고 하면서 국내의 시민단체와도 대화를 못한다면 해외에서는 사업을 어떻게 할 것이냐?"라는 논지를 폈습니다. 그리고 저의 역할을 제대로 해내기 위해서 당시 제가 회사에 요구한 한 가지 조건이 있었는데 그것은 재무파트나 법무파트에서 제게 거짓말을 하지 않는다는 것이었습니다. 내게 모든 것을 다 얘기해줄 필요는 없지만 단, 거짓말은 안 된다는 것이었지요. 그 거짓말을 제가 사실로 알고 상대방에 전달했을 때 나중에 그것이 거짓으로 판명되면, 저는 신뢰를 잃고 저의 역할은 더 이상 계속될 수 없을 뿐만 아니라 개인적으로도 인간관계에서 믿을 수 없는 사람이 될 것이기 때문이지요.

이렇게 저는 박 변호사와 오랜 신뢰관계를 바탕으로 또 참여연대의 사회적 역할을 존중하는 LG의 입장에서 양쪽의 대화 창구 역할을 했습니다. 이 관계는 외환위기 이후 이어서 진행된 LG의 지배구조 혁신, 즉 지주회사 출범에 이르도록 계속되었습니다. 다른 재벌 그룹들과 달리 LG와 참여연대가 밖으로 큰소리 내지 않고 그러나 끈질기게 물밑 대화를 통해서 많은 이견을 해결하고 서로 존중하는 관계를 유지할 수 있었던 것은, 상호 간에 솔직하게 대하고 서로 존중하는 신뢰관계를 만들어낼 수 있었기 때문이었습니다. 그것은 애초 저와 박 변호사와의 오래된 개인적 신뢰가 있었기에 가능한 일이었습니다.

모든 능력과 에너지를 공적 영역에 집중하는 사람

아마도 1999년경이었던 것 같습니다. 그해 여름 박 변호사와 또 다른 한 사람과 셋이서 통영 부근에 있는 사량도로 여름휴가를 갔었습니다. 저녁에 숙박할 곳을 정하고 근처 식당에서 저녁을 먹는데 식당 주인이 박변을 보고는 TV에서 많이 뵈었던 분이라고 혹시 박원순 변호사 아니시냐고 묻는 것이었습니다. 그렇다고 하니 이렇게 반가울 수가 없다고 하면서 드시라고 수박 한 통을 그냥 내어오는 것이었습니다.

그 여행에서 오고 가면서 시골에서 이런 저런 분들과 거리낌 없이 대화를 나누는 박 변호사를 보면서, "아, 이 사람은 대통령에서 지게꾼까지 그 누구하고도 대화가 되는 사람이구나!" 하는 생각이 들었습니다. 그는 소위 돈과 권력을 가진 사람이나 그냥 거리의 장삼이사나 대하는 태도가 한결같았습니다. 돈과 권력에 비굴하지도 않았고 낮은 곳에 사는 사람들을 낮추어 보지도 않았습니다.

아마도 2009년으로 기억합니다만 그날은 박변과 구기동 해장국 집에서 만나 아침을 같이 먹고 김밥을 사서 구기 계곡 구간을 따라 사모 바위로 올라서 점심을 했지요. 박변은 산을 오른 후에는 정상 부근에서 자리를 펴고 20~30분 잠자는 것을 좋아했습니다. 그리고는 다시 벌떡 일어나서 또 기운차게 산행을 했지요. 아마 대성문에서 하산했던 것 같습니다. 그날은 참 특별했던 것이 오랜만에 둘이서 종일 산행하고 저녁까지 같이 했지요.

그날 저녁을 먹으면서 박변은 정치에 뜻을 두고 있다고 말했습니다. 저는 반대했지요. "당신이 정치권에 나가면 다칠 것 같다. 난 그게 싫다."라고 했더니 좀 서운해 했습니다. 정치란 후안

무치하고 후흑하지 않으면 다치고야 만다고 저는 생각했기 때문이지요. 그러나 그는 결국 2011년 서울시장보궐선거에서 승리함으로써 정치의 길로 나아갔습니다. 그가 당선된 그다음 날 아침을 저는 또렷이 기억합니다. 세상이 그렇게 조용하고 평화로울 수가 없었습니다. 상식이 통하는 세상, 모든 것이 제대로 돌아가는 세상을 박변이 여는구나 하는 생각을 했습니다.

한편, 오랫동안 박변을 알고 지내면서 느낀 점 한 가지는 그와는 정서적 교류는 쉽지가 않았다는 점입니다. 위에서도 말했지만 그는 대통령에서 지게꾼까지 그 누구하고도 대화할 수 있는 놀라운 소통능력을 가졌음에도 불구하고 그건 대개가 일과 관련된 영역이었고, 막상 내가 내 아픈 마음을 열어 드러내 보이고 감정적으로 정서적으로 힘들어서 뭔가 나누고 상담하고 싶을 때는 그에게서 일종의 벽을 느낀 적이 몇 차례 있었습니다.

저는 박변을 이 시대가 배출한 가장 탁월한 인재라고 생각했습니다. 그래서 그가 하는 일을 돕고 후원했습니다. 그럼에도 불구하고 또 한편으로 그에게는 개인적으로 나를 털어놓고 기대고 의지하기가 어렵다는 생각도 했습니다. 어쩌면 그는 자신이 가진 모든 능력과 에너지를 공적 영역에만 집중해서 썼기 때문에 그랬나 봅니다. 그랬기에 그렇게 많은 아이디어로 그렇게 어마어마한 일들을 할 수 있었는지도 모르겠습니다.

또 한 가지는 그가 살아오면서 상사를 모시고 일한 적이 없

오랜만에 한국에 들어온 우리 아이들과 함께
시장실을 방문했던 즐거운 한때.

었다는 점이 제게는 마음에 걸렸습니다. 선배는 있었지만 경우에 따라서는 무조건 따라야만 하는 상사는 없었습니다. 조직을 가지고 움직여야 하는 리더에게는 반드시 필요한 경험 중에 하나라고 생각했기 때문입니다.

박변이 서울시장이 되면서 제가 원칙을 하나 정했습니다. "그가 연락해오지 않는 한 내가 먼저 연락하지 말자."였습니다. 얼마나 많은 사람들이 그를 만나고자 하고 또 많은 부탁을 하겠습니까. 나라도 그 부담을 줄여주자는 생각이었지요. 그러면서 그가 시장이 되기 이전에 그리 자주 만나던 시절과는 달리 일 년에 한두 번 볼까 말까 했습니다.

그가 2018년 4월 3선에 성공하고 나서 한 달쯤 후에 오랜만에 둘이서 점심식사를 같이 했습니다. 그 자리에서 그는 대권에 대한 뜻을 분명히 밝혔습니다. 그리고 저에게도 이제 회사에서도 은퇴했으니 본격적으로 나서서 일을 맡아달라고 청했습니다. 저는 "나는 그럴 능력은 없으니 필요하다면 위원회 같은 기구를 통해서 자문 역할 정도는 할 수 있겠다."라고 말했더니 캠프 사람을 통해서 연락하도록 하겠다고 했지만 그 후에도 별다른 연락은 받지 못했습니다. 그 점심이 결국은 그와의 마지막 둘만의 만남이 되고 말았습니다.

그가 그렇게 떠날 줄을 그 누가 상상이나 했겠습니까! 그는 늘 우리 곁에 있을 줄 알았습니다. 이렇게 허망하게 그를 보내고 나니, 아 내가 잘못한 건가? 좀 더 살갑게 가까이 했었어야 하는 게 아니었나 하는 후회가 들기도 했습니다. 그토록 성실하고 그토록 따뜻하고 그토록 치열하고 그토록 순박하고 그토록 탁월한 사람을 앞으로 만나기가 참 어려울 것입니다.

아, 박원순, 그가 그립습니다.

8장

사회혁신운동의 리더 - 해외 인사들이 말하는 박원순

도시 혁신 정책을 세계에 전파하다

제프 멀건(유니버시티 칼리지 런던 교수)

사회혁신운동에 영감을 주는 동지

박원순 시장은 나의 친구이자 협력 파트너이며 사회혁신운동에 영감을 주는 사람이었다. 나는 운 좋게도 박 시장의 다양한 글로벌 네트워크 중에 몇 군데 참여하게 되었다. 그는 이들 네트워크를 통해 여러 가지 정책안을 서울시에 도입했고 그의 혁신적인 정책을 세계 각국에 전파하고 있었다.

내가 박 시장과 처음 만난 것은 2000년대 중반 동부 런던의 베스널 그린이라는 빈민 구역에서 '영 재단Young Foundation'이라는 자선단체를 운영하고 있을 무렵이었다. 이 단체는 마이클 영의 기부금으로 운영되고 있었는데, 그는 전 세계에서 가장 왕성하게 활동하는 사회기업가 중의 한 사람으로서 수십 개의 단체를 만들고 베스트셀러를 썼으며 정부에 큰 영향력을 갖고 있었다. 그 당시 나는 총리 관저에서 정책 담당자로 토니 블레어 총리를 보좌하다가 나온 직후였다.

7년간 민간에 정부 정책을 시행하는 탑다운top-down 방식으로 일해왔기에, 탑다운 방식의 단점을 보완할 수 있는 바텀업bottom-up 방식으로 시민의 요구를 사회 혁신 정책으로 개발하는 데 관심이 높았다. 영 재단에서의 업무를 개발하면서 나는 우리와 아주 비슷한 철학과 접근 방식으로 일하는 희망제작소라는 단체가 서울에 있다는 사실을 알게 되었다. 그러다가 미국에서 열린 규모는 컸지만 다소 지루했던 어느 재단 모임에서 박 변호사를 실제로 만나게 되었다. 그 모임의 주최자였던 그와의 대화에서 나는 큰 흥미를 느꼈다.

모임 직후에 나는 서울을 방문했다. 한옥 게스트하우스에 숙박하게 되었는데 그전에 서울을 방문할 때 묵었던 인터콘티넨탈 호텔보다 훨씬 맘에 들었다. 박 변호사가 한국과 다른 나라에서 불러 모은 멋진 사회기업가들과 만나서 여러 가지 활동을 했다. '불만합창단'에서 노래도 같이 부르고 박람회도 같이 보고 저녁에는 홍대에서 노래방까지 갔다.

나는 혁신의지를 갖고 위험을 감수하면서 생각을 실행하는 그의 실천 방식을 보고 맘에 들었다. 그 후에 박 변호사는 나의 도움으로 설립해서 형태를 갖추게 된 글로벌 사회혁신 네트워크Social Innovation Exchange, SIX에 참여하게 되면서 포르투갈의 리스본에 위치한 굴벤키안 재단Gulbenkian Foundation 그랜드 본부에서 우리가 개최한 한 행사에 참석했다. 그 당시 우리 두 사람은 비슷한 생각을 가진 채 시민들이 협력하고 서로 도울 수 있는 더 나은 방안을 생각하고 상상하며 실험할 수 있는 사회적 역량을 강화하는 일을 하고 있었다.

나는 마이클 영의 영향을 받아 갖게 된 나의 사회개혁 철학이 박원순의 철학과 비슷하다는 것을 느꼈다. 그는 문제를 발견하면 다른 사람에게 그 문제를 해결하라고 말하기보다는 문제를 해결하는 데 참여해야 한다는 철학을 갖고 있었다. 그는 무슨 생각이든지 새로운 생각은 저항에 부딪치기 마련이므로 '안 됩니다' 하는 반응이 나오면 포기할 것이 아니라 왜 안 되는지 질문해야 한다고 말했다.

현실 정치에서 시민 중심의 시정 철학을 구현하다

그로부터 얼마 후 이명박 정부로부터 처음 기소를 당한 박 변호사가 영국에 체류하게 되었는데 나는 그에게 영 재단의 사무실을 제공했다. 유머 감각이 있고 호기심이 많은 그는 동료들에게 인기가 많았다. 나는 정장을 입어야 할 경우를 대비해 사무실 벽장에 예전 공무원 시절에 입었던 양복과 넥타이를 여러 벌 보관해 두었는데, 박 변호사는 그것이 좀 우스꽝스럽게 보인다고 말했다.

영 재단은 연구와 사회변화의 결합을 목표로 삼은 과제가 있었다. 고독을 사회적으로 해결할 필요성을 연구하는 과제와 같이 사회적 요구가 어떻게 변화하고 있는지에 대해서 대규모 연구를 했다. 리더십 훈련, 새로운 형태의 학교 만들기 운동과 같은 새로운 조직을 디자인하고 육성하고 있어서 사회적 기업가 양성 학교와 같이 생각이 비슷한 조직에게 사무실을 빌려주고 있었다.

나와 같은 유럽과 북미의 사회운동가들은 박 변호사가 서울시장 선거에 나가 선출되는 것을 보고 많이 놀랐다. 나도 정치에 참여한 적은 많지만, 영국과 오스트레일리아의 총리실 직원을 비롯해 다수의 정치인들에게 조언하는 역할에 그쳤다. 한 정당에서 후보자가 되어 선출직에 도전하는 사람은 대부분 직업 정치인들이다. 대부분 나라에서 주요 정당의 일원이 아닌 사람이 한 나라 수도의 시장과 같은 권위 있는 자리에 선출되는 것은 흔치 않다. 외부 인사는 아주 드문 경우이다. 하지만 대중들은 그 어느 때보다 더 외부 인사에 목말라 있다. 대중들은 정당 정치의 거품이 없는 진정성 있는 인물을 더 원하고 있는데 박 변호사의 성공은 그런 변화를 반영한다.

이보다 앞서 한국을 겪어본 경험에 비추어 보면 변화의 정도는 아주 명확해 보였다. 나는 이명박 대통령이 서울시장이던 시절 그의 초청을 받아서 처음 서울을 방문한 적이 있었다. 이명박 시장은 나를 비롯해 여러 글로벌 기업을 초청해 서울시에 창조경제 개발 방안에 대해 조언을 구했다.

이명박 시장이 현대 기업 경영자 출신이라는 배경 때문인지 그 당시 서울시장실은 대기업과 긴밀하게 연결되어 있었다. 시민사회는 거의 눈에 띄지 않았고 기껏해야 시민을 위한 행정에 시민감사 옴부즈만 위원회에 참여하게 하는 수준이었다. 접근방식은 전부 탑다운 방식이었고 시장실과 대기업, 감사기관이 한 팀처럼 움직이는 것 같았다. 나는 다른 사람들과 같이 내가 서울에 처음 방문하기 전 며칠 전에 개방된 청계천 개발과 같은 프로젝트에 크게 감명 받기는 했지만 행정 시스템은 아주 폐쇄적인 느낌이 들었다.

몇 년 후에 본 박 시장의 시정 운영 방식은 아주 달랐다. 그는 시민 의견 경청, 시민 참여, 정보 공개와 역동적인 실험을 강조했다. 시장에 당선된 직후, 그는 사회혁신본부를 설치하고 글로벌 사회혁신가 행사를 개최했다. 나는 사회혁신 네트워크와 함께 이 행사를 구성하는 데 참여했다가 새로 만들어진 국제 자문 위원회의 의장을 맡는 영광을 누리게 되었다. 이 위원회에서는 인도의 아닐 굽타, 이탈리아의 에지오 만지니, 홍콩의 에이다 웡, 캐나다의 팀 드레이민, 태국의 수닛 시레스타, 영국의 루이스 풀포드와 피터 람스덴, 멕시코의 가브리엘라 고메즈몽을 비롯해 전 세계의 쟁쟁한 인물들이 매년 서울에 와서 프로젝트를 둘러보고 서울시청 공무원과 사회혁신가들과 함께 시간을 보냈다.

위원들은 모두 이런 활동을 즐겼다. 우리는 선반이 독특하게 설치된 박 시장의 사무실을 좋아했고, 박 시장과 함께 거리나 쇼핑센터를 산책하고 밤늦게까지 한국 전통주를 마시며 사회 혁신 활동의 애로사항에 대해 대화를 나누었다. 박 시장은 눈코 뜰 새 없이 바쁜데도 불구하고 항상 차분하고 친절했다.

시민 참여를 이끌어내기 위해 노력한 지도자

나는 전 세계의 시장과 정치 지도자들을 많이 알고 지냈지만 박 시장처럼 열정과 헌신성, 친절함을 다 갖춘 사람은 드물었다. 지난 10여 년간 박 시장의 업적 덕분에 서울은 전 세계의 사회혁신가와 도시 리더들의 관심을 끌었다. 그 시기는 한국이 디지털 제품이 되었든 음악가와 영화인의 작품을 통해서든 전 세계에 훨씬 눈에 띄게 부각된 시기이기도 하다. 박 시장의 재임 기간 동안 환경, 지역사회, 복지와 도시 개발에 접근하는 새로운 방식을 선도함으로써 역동적이고 혁신적인 도시로 탈바꿈한 서울은 한류열풍에 부합하는 도시가 되었다.

그 당시 나는 네스타(Nesta, 영국의 과학, 기술, 예술 혁신재단)를 운영하고 있었는데 이 플랫폼을 통해 서울시에서 하고 있는 사회혁신 활동이 얼마나 큰 가치가 있는 일인지를 들여다보게 되었다. 이 재단도 공유경제, 탄소 배출 감소나 디지털 데이터의 창의적인 사용과 같은 서울시의 시도들을 따라하고 있었다. 우리는 홍콩을 방문해 둘 다 함께 아는 친구인 에이다 웡을 만났다. 그녀는 아이디어를 좀 더 공유하자고 제안하면서 홍콩에 정부에서 지원하는 사회혁신사업개발기금을 만들자고 했다.

옆 페이지 사진은 서울시와 글로벌 사회혁신 네트워크와의 관계를 압축적으로 보여준다. 사진의 왼쪽 끝에 있는 여성이 루이스 풀포드 SIX(글로벌 사회혁신 네트워크) 단장이고, 사진 오른쪽 끝부터 에이다 웡, 나, 나의 친애하는 친구 박 시장이다. 여기서 우리는 모두 아시아 지역판 SIX 활동을 함께함에 있어서 도시들 간에 서로 배우면서 도시 행정에 시민사회의 상상력을 끌어들일 것을 촉구했다. 사진을 보면 나의 복장이 다른 사람들보다 좀 더 캐주얼하다. 몇 년 전 박 시장이 우스꽝스럽다고 했던 정장에 집착하지 않게 되면서 캐주얼한 평상복을 좀 더 자주 입게 되었다. 도시 행정에 접근하는 자세가 경직되지 않고 개방적으로 바뀌었음을 보여주는 좋은 징표일지도 모른다.

박 시장이 재임하면서 서울시는 다른 도시들로서는 감당하기 힘든 방식으로 과감하게 실험을 하고 있었다. 박 시장이 재선에 이어 삼선에까지 성공했다는 것은 실험을 진화시키고 뿌리를

홍콩을 방문해서 SIX의 지도자들과 함께한 시간

깊게 내릴 시간을 갖게 되었다는 의미이다. 박 시장이 상업적 성공이나 다른 이해관계에 얽매이지 않는다는 것은 정책의 중심에 시민이 있다는 의미이다. 다양한 글로벌 네트워크를 구축하고 있기 때문에 늘 새로운 아이디어를 받을 수 있었다. 대기 정화하는 기술적 난제를 어떻게 해결하고 도시가 탄소 배출량을 어떻게 줄이고(기후변화 대응 대도시 협의체 C40의 부의장 역할을 통해) '시민'을 통해 도시의 삶을 어떻게 구성하는지에 대한 새로운 아이디어를 받아들일 수 있는 위치에 있다.

내가 보기에 박원순의 시장 재임 기간을 관통하는 철학은 시민의 참여를 이끌어내자는 것이다. 이것은 시정을 담당하는 사람들이 흔히 갖는 하늘 위에서 도시를 내려다보는 관점이 아니라 땅에 발에 딛고 이웃의 일상 삶의 관점을 떠받들었다는 의미를 담고 있다.

나는 박 시장의 죽음에 깊은 상실감을 느낀다. 세상에 박 시장처럼 자신만의 열정과 비전, 능력을 골고루 갖춘 지도자는 별로 없다. 그런 능력이 있는 사람이라도 명예와 권력, 돈을 추구하면서 이기적인 삶을 사는 경우가 아주 많다. 박 시장은 그가 떠나도 계속 자라게 될 박원순의 씨앗을 한국과 세계 곳곳에 많이 심어놓았다. 나는 그것이 그가 남긴 유산이라고 믿는다.

인권변호사 시절부터 시작된 인연

에드워드 베이커(前 하버드 엔칭 연구소 부소장)

아내 다이앤과 나는 미국 평화봉사단 1차 파견 단원에 선발되어 1966년부터 68년까지 한국에서 봉사하면서부터 한국에 대해 관심을 갖게 되었다. 이후 한국 역사 연구와 한국 민주화 운동 지원 활동, 3년간 한양대와 서울대에서 한국과 동아시아 역사 강의 등을 하면서 수십 년이 흘러도 한국에 대한 나의 관심은 식지 않았다.

1970년대 말부터 1980년대를 거쳐 1990년대 중반에 이르기까지 나는 런던에 있는 국제앰네스티Amnesty International 국제사무국의 한국분과와 긴밀하게 일했는데, 이곳은 인권 사건을 조사하고 비폭력 사상을 비폭력적으로 표현한 죄로 투옥된 '양심수'를 선정하는 활동을 한다. '양심수로 선정된' 사람은 후원 그룹에 배정되고 배정된 양심수를 옹호하는 활동을 같이 하는 그 봉사단 지부 사람들은 한국 정부 관료들과 자국 정부 관료들에게 탄원서를 보내는 활동을 주로 하게 된다.

나는 인권감시 위원으로 1985년에 설립한 아시아 인권감시 단체Asia Watch 설립에 참여하기도 했다. 아시아 인권감시단체는 전두환·노태우 정권의 인권 탄압 행위에 대해 국제적인 관심을 촉구하기 위해 설립되었는데, 1986~1991년 사이에 한국의 인권 문제에 관한 5개의 중요한 보고서를 작성해 발표한 바 있다.

한국에서 정치범을 변호하는 소수의 용기 있는 개인 변호사들은 늘 있었지만 민변(민주사회를 위한 변호사 모임)이라는 잘 조직된 단체가 전면에 등장한 것은 1980년대 들어서였다. 박원순 변호사는 민변 변호사 중에서도 눈에 띄는 사람이었다. 정치사범을 변호하는 일 이외에 인권 문제에 관한 글을 쓰면서 박 변호사는 정부의 인권 탄압과 반민주적 조치를 비판하는 민주화 인사들을 억압하기 위해 자주 악용되는 국가보안법의 권위자가 되었다. 그는 1989년부터 1991년 사이에 국가보안법에 관한 3권의 중요한 저작물을 출간했고, 1993년에 비엔나 세계인권회의에 한국의 인권상태를 알리기 위해 국가보안법을 다룬 영문 소책자를 출판했다. 1980년대 중반에 나는 박 변호사의 명성이 자자하다는 사실을 알고 있었고 민주화 운동에 활동적인 소수의 변호사와 활동가들과 안면을 익히게 되었지만, 아직 박원순 변호사를 만나지는 못했다.

한국 양심수 석방 운동을 하며 맺은 인연

1980년대 말경 국제앰네스티 국제사무국은 다수의 한국 양심수를 인정했고, 국제앰네스티의 한국지부는 한국 양심수를 배당받은 다수의 양심수 후원회가 있는 각 나라에 한국 조정관을 지명했다. 한국 양심수를 후원하는 나라로는 미국, 캐나다, 영국, 프랑스, 네덜란드, 벨기에, 독일, 덴마크, 스웨덴, 노르웨이, 일본 등이 있다. 1980년대 말부터 1990년대 초반 몇 년 동안 국제앰네스티는 이들 후원 조정관들의 연례 모임을 런던, 파리, 코펜하겐 등지에서 마련했다. 이 모임에서 후원 조정관들은 국제앰네스티의 원칙과 실무 처리 방식, 그리고 한국의 인권 상황에 대한 교육을 받게 된다. 후원 조정관과 국제앰네스티 한국지부 직원 가운데 한국 전문가는 나밖에 없어서 한국지부 교육 과정에서 능동적인 역할을 맡아 달라는 요청을 받게 되었다.

1991년 한국 양심수 후원 조정관 모임이 런던에서 개최될 무렵, 당시 런던정경대에서 연수중이던 박원순 변호사라는 유명인이 참석해 한국의 재판과 정치 상황에 대해 폭넓은 지식과 경험을 공유할 예정이라는 소식을 듣고 우리는 모두 환호성을 질렀다. 박 변호사와 함께한 이틀간의 수업은 성과가 좋았다. 이 수업이 우리가 개최했던 4~5개의 후원 조정관 훈련 과정 중에 가장 알차고 배울 게 많았다.

박 변호사와 나는 훈련 과정을 같이 진행하는 데 호흡이 아주 잘 맞았고 서로를 알아가는 과정이 너무 짜릿했다. 일본 조정관인 안자코 유카 여사는 국제앰네스티 일본지부 업무를 몇 년간 맡아왔고 한국의 정치와 인권 상황을 잘 알고 있는 사람이어서 이번 훈련 과정에서 중요한 역할을 수행했다. 안자코 여사와 나는 1980년대에 접촉하면서 어느 정도 잘 아는 사이였다. 그녀는 나보다 훨씬 한국어를 잘했고 나중에 고려대학교에서 한국현대사로 박사학위를 받기도 했다.

모임이 끝나고 보스턴행 귀국 비행기를 타기 전에 내 일정이 하루 비어 있었다. 안자코 여사도 귀국하기 전에 하루 여유가 있었고 박 변호사도 시간을 낼 수 있어서 세 사람이 하루 동안 같이 관광하기로 뜻을 맞추었다. 내가 대학에서 영국 역사를 전공했다는 말을 듣고는 박 변호사와 안자코 여사는 내게 관광 코스 짜는 일을 맡겼다.

대학에서 역사를 전공하기는 했지만 나는 영국 역사에 대해 제대로 아는 게 별로 없어서 국제앰네스티 국제사무국 직원들에게 의견을 구했다. 헨리 8세와 튜더 왕가의 역사가 담긴 중요한 유적지인 햄프턴 코트 궁전을 추천하길래 그 의견을 따르기로 했다. 그날 밤 나는 가이드북에서 찾아볼 수 있는 것을 읽고 대학 수업에서 배운 내용 중에서 기억나는 내용을 최대로 쥐어짜 헨리 8세에 대한 이야기를 정리했다. 헨리 8세는 1509년 18세에

즉위해서 1547년에 죽을 때까지 왕위를 유지한 왕이다.

다음 날 아침 일찍 우리는 기차와 버스를 갈아타면서 햄프턴 궁전까지 무사히 이동했다. 궁전에 도착해 관람을 시작하자 신기하게도 헨리 8세 재임 시기의 세세한 역사 이야기가 머리에 떠올랐다. 게다가 영어로 된 안내문을 재빨리 읽을 수 있으니 그 내용이 더 많은 기억을 소환해냈다. 그에 못지않게 놀라운 일은 전체 관람 안내를 내가 한국어로 할 수 있다는 사실이었다. 박 변호사와 나는 그 후에 만날 때마다 햄프턴 궁전에서 안자코 여사와 함께 보냈던 즐겁고 편안했던 하루를 추억하며 대화의 소재로 삼았다.

하버드 인권법 프로그램 방문 연구원 시절

내가 집으로 돌아온 직후, 박 변호사에게서 인권법을 집중적으로 공부하면서 1년을 잘 보낼 수 있는 미국 법과대학을 추천해 달라고 요청하는 메일이 도착했다. 나는 하버드법대의 헨리 스타이너 교수가 개설한 인권법 프로그램(HRP)을 추천했다. 박 변호사는 나의 추천을 받아들여서 인권법 프로그램에 지원했다.

나는 추천서에 박 변호사가 한국 인권 변호에서 차지하는 중요성을 강조하고 정치적 이유로 처벌받고 사법 처리 과정에서 인권을 유린당하는 양심수를 자주 변호한다는 사실을 적었다. 나는 인권법 프로그램 교수에게 박 변호사는 국가보안법의 권위자라는 사실도 알렸다. 한국에서 국가보안법은 국가 안보를 위협하는 사람에게 적용하는 것이 아니라 전두환 정권이나 후임 노태우 정권을 비판하는 반체제인사들을 정권의 입맛대로 처벌하는 데 악용된다는 사실도 밝혔다.

박 변호사는 객원연구원 자격으로 인권법 프로그램에 바로 수강 허가가 나서 1992년 가을에 케임브리지로 왔다. 박 변호사가 오자 나는 그를 EALS동아시아 법률 연구 프로그램의 신임 책임자인 윌리엄 알포드 교수에게 바로 소개해주었다. EALS는 하버드 법대 로스코 파운드 홀을 인권법 프로그램과 같이 사용하는데, EALS와 HRP는 상대 프로그램 수강자들에게도 아주 흥미를 끄는 강연자들이 자주 강의했다.

박 변호사는 케임브리지에서 1992~93년 학기를 다닐 때 아내인 강난희 여사와 함께 지냈다. 나는 박 변호사를 케임브리지에서 자주 보았고 부부모임도 가끔 가졌다. 박 변호사의 친구이고 현재 헌법재판소 판사인 이석태 민변 변호사도 그 당시 하버드 법대에 방문학자로 와 있었다. 우리 집이나 박 변호사 집에서 다 같이 저녁 식사 모임을 가끔 갖기도 했다. 박 변호사에게도 얻는 게 많은 시간이었고, HRP와 EALS 프로그램에 박 변호사가 참여하면 나와 다른 연구자들에게도 유익했다.

그 후에도 나는 한국을 방문하거나 2007년부터 2010년까지 3년간 한국에 살 때도 박 변호사와 가끔 만나곤 했다. 게다가 나는 박원순 변호사가 1994년 참여연대, 2000년 아름다운재단, 2002년 아름다운가게, 2006년 희망제작소를 연속적으로 설립하는 과정을 모두 함께했다. 그러다가 2011년 건강 문제로 서울대학교에서 강의를 그만둘 수밖에 없어서 귀국하게 되었다.

이후에 나는 박 변호사가 서울시장에 도전했다는 뉴스를 접했다. 10월 6일에 나는 박 변호사에게 서울시장 도전을 축하하며 승리를 기원한다고 메일을 보냈다. 〈뉴욕 타임스〉를 비롯한 미국 언론에서는 한국의 서울시장 선거를 잘 보도하지 않아서 한국 친구나 한국 언론을 통해 뉴스를 접한다는 내용도 알렸다.

그런데 서울시장 보궐선거일 12일 전인 2011년 10월 14일, 뜻밖에 백낙청 선생님이 나한테 메일을 보냈다. 한나라당의 강용석 의원이 박원순 후보가 하버드 대학에 객원연구원으로 1년 체류했다는 경력은 허위라고 주장했다는 소식이었다. 강용석은 "…박원순은 하버드대의 학위를 받지 못했으며(박원순 변호사가 학위를 받았다는 주장 자체를 한 적이 없다), 한 발 더 나아가 기록이 충실하지 못해서 객원연구원으로 체류했는지 여부를 확인할 수 없다."라는 하버드 법대의 사라 마스턴 공보관의 메일을 공개했다. 선생님 말씀인즉 "강용석과 그의 주장을 보도한 언론은 마스턴 공보관이 박원순이라는 이름의 사람이 객원연구원 자격으로 온

적이 없다고 한 것처럼 주장했다."라는 것이다. 백낙청 선생님은 박원순 변호사의 하버드대 1년 체류 사실을 확인해서 박 변호사와 그의 선거 캠프 총괄책임 하승창에게 알려줄 수 있는지 문의했다.

나는 즉시 EALS 담당 교수인 빌 알포드에게 전화했다. 다행히 그는 박 변호사가 1990년대 초반 인권법 프로그램에 참여했던 인권변호사임을 상세하게 기억하고 있었다. 전화통화를 마치고 나서 나는 알포드 교수에게 "하버드 법대 마스턴 공보관의 편지보다 박 변호사의 객원연구원 활동 내역을 좀 더 상세하고 형식을 갖춘 문서로 발급해줄 수 있기를 희망한다."라는 메일을 보냈다. "서울시장 보궐선거가 10월 26일이므로 긴급을 요하는 일이다."라는 단서를 붙여서. 그러는 가운데 하버드 법대의 행정처로부터 사실 확인서를 받아낼 수 없는 나의 무능함에 좌절하며 박 변호사에게 "1990년대 초반 하버드 법대의 인권법 프로그램에서 객원연구원으로 연구했다는 사실을 한 치의 망설임 없이 주장할 수 있습니다."라고 메일을 보냈다. 추천서를 보냈다는 좀 더 상세한 내용을 추가하고 "박 변호사가 하버드에서 연구할 때 우리는 자주 만났다."라고 적었다.

백낙청 선생님은 10월 15일 이른 아침에 이메일을 보내 나를 안심시켜주었다. "…'공식' 문서 발급을 서두를 필요는 없습니다. 앞서 보내준 메시지가 번역되어서 언론에 배포된 것으로 알고 있습니다."라고 알렸다. 이로써 위기는 넘겼고, 10월 18일 마스턴 공보관의 공식 문서로 사태를 해결했다(알포드 교수의 말이 맞았다). "학교 기록 검토를 거쳐서 하버드 법대는 박원순은 하버드 법대 인권법 프로그램의 1992~1993년 학기에 객원연구원으로 지명되었다는 사실을 확인한다."

2011년 10월 26일 보궐선거일이 다가오면서 나는 점점 더 괴로웠다. 자랑스런 〈뉴욕 타임스〉를 포함해 미국 언론에서는 이 중요한 서울시장 보궐선거를 제대로 보도하지 않고 있었다. 10월 25일 아침 일찍 나는 〈뉴욕 타임스〉 외신 편집부에 다음과 같은 글을 보냈다.

> 10월 25일 수요일에 한국의 서울에서 아주 중요한 시장 선거가 치러진다. 서울시장은 중요 동맹국이자 국제적으로 중요한 경제 주체인 한국, 즉 남한에서 두 번째로 가장 중요한 선출직이다. 이명박 대통령이 2007년 대통령에 당선되기 직전의 직위는 서울시장이었다. 이명박 대통령은 전임자인 김대중과 노무현 대통령의 진보적 정책을 보수 정책으로 뒤집었다. 이 대통령은 북한과 긴장을 고조시켰다. 2명의 주요 후보자 중에 어떤 이가 2012년 대선에 대통령 후보로 생존하게 될지 모르지만, (박원순에 의해) 야당이 승리한다면 한국의 유권자들이 정책 방향을 바꾸기를 원한다는 것은 명확해진다. 이 선거결과는 남한,

동아시아, 미국과 세계에 중요하다.

그날 시간이 다소 흐른 뒤, 나는 〈뉴욕 타임스〉에 근무하는 친구에게 〈뉴욕 타임스〉 한국 특파원, 최상훈의 이메일 주소를 문의해 외신 편집부에 보낸 이메일 글 사본을 그에게 보내면서 추신을 달았다. "한국 전문가로서 나는 미국에서 한국에 대한 관심이 부족해서 좌절을 느끼긴 하지만 이 이야기는 정말 중요합니다…." 최 특파원은 친절하게도 바로 답장을 보내왔다. "저도 흥미진진한 보궐선거를 지켜보고 있어서 선거일인 오늘 기사를 쓸 계획입니다. 서울에 주재하는 다른 외국 특파원들도 저처럼 기사를 쓸 것입니다." 안 하는 것보다 늦게라도 보도하면 다행이라는 생각이 들었다.

2019년 10월, 시장 공간에서 함께한 마지막 저녁시간

박 선생님이 서울시장으로 3선 연임하는 동안 아내와 나는 운 좋게도 매년 서울을 방문해 그때마다 박 시장을 만날 수 있었다. 2013년에 박 시장은 아내와 나, 백낙청 선생님, 이석태를 점심식사에 초대했는데, 그는 진지한 관심을 갖고 우리의 의견을 경청했다.

서울시장 공관에 초대되어 오붓한 저녁시간을 보낸
박 시장 부부와 베이커 교수 부부

2019년 박 시장의 3선 재임 기간 중에 나는 서강대학교에서 강의 초청을 받았고, 박 시장에게 우리 부부가 10월에 3주간 서울을 방문하게 될 예정이라고 알렸다. 박 시장은 10월 22일에 저녁식사를 하자고 북촌 시장 공관으로 우리를 초대했다. 우리는 당연히 손님을 여러 명 불러 모았을 것이라고 짐작했다. 그러나 공관에 도착했을 때 초대된 사람이 우리 둘밖에 없다는 것을 알게 되었다. 우리는 박 시장, 강난희 여사, 딸 다인, 강현선 보좌관과 함께 오붓하게 저녁시간을 보냈다.

런던에서의 첫 만남, 햄프턴 궁전 여행, 하버드 시절 저녁 식사하면서 대화를 나누었던 이야기를 하면서 추억을 나누었다. 물론 박 시장이 대선에 나갈지 여부와 우리가 어떻게 도움을 줄지에 대한 대화도 빠지지 않았다. 박 시장의 아내와 딸은 대선 출마를 강력하게 반대했다. 너무 바쁘게 살아야 돼서 가족과의 시간은 전혀 낼 수 없게 된다는 이유였다.

며칠 후 우리는 보스톤 행 비행기를 타고 서울을 떠나면서 박 시장이 기념품으로 준 서울 고지도가 새겨진 도자기를 갖고 집으로 돌아갔다. 집에 돌아와서도 박 시장네 가족과 우리와의 우애가 좋아서 기분이 좋고 앞으로도 좋은 관계를 계속 유지해야겠다고 생각했다. 불행한 일이 일어날 수 있다는 그 어떤 전조도 느끼지 못했다. 박 시장이 대선 출마를 한다면 떨어질 수도 있다는 생각은 하지만 그런 일이야 실망스러울 수는 있지만 비극적인 일은 아니다.

그러다가 2020년 7월 9일 박 시장의 안타까운 소식을 들었다. 우리는 매사추세츠주 브루클린에 있는 집에서 박 시장의 장례식을 온라인으로 지켜보았다. 우리의 친구 백낙청이 첫 조사를 올리고 박 시장의 가족의 참관하에 딸 다인이 조문객들에게 조의를 표하는 장면을 시청했지만, 이 모든 일이 도저히 믿기지 않았다. 충격과 안타까움이 아직도 가시지 않고 아마 영원히 그럴 것 같다.

시민 중심의 도시 정책을 실현한 혁신적 사회운동가

에이다 웡(창의연구소 의장, 굿랩재단 상임이사, 홍콩창의학교 감독관)

시민과 함께 서울의 미래를 설계한 박원순 시장

박원순 변호사와 첫 만남은 14년 전이었다. 그 당시 그는 시민사회 리더로 홍콩에 와서 강연했는데 그의 명함에는 'Social Designer소셜 디자이너'라고 되어 있었다. 소셜 디자이너는 뭘까? 시민이 사회를 디자인한다는 개념이 낯설었고 '커뮤니티의 권리'라는 개념은 시민이 함께 창조한 아래로부터 위로의 사회 혁신이라고 하는데 이런 개념을 어떻게 실천할 수 있을까? 그 후 알게 되었지만 박 시장은 불평불만을 버리고 스스로 개혁을 설계하는 게 특징인 것 같다. 시민사회에 있으면서 가지고 있었던 아이디어들은 시장이 되어 실행해나갈 수 있었다.

박원순 시장은 서울을 '공유도시Sharing City'로 추진하였고, 공유경제를 장려하고 시청 내 회의실과 주차장을 개방해 시민들이 이용할 수 있도록 했다. 그는 "시민이 서울의 시장이 되다."를 실현하기 위해서 정부의 빅데이터를 개방하여 시민사회에게 제공하고, 작업장에 귀를 기울이는 것과 경계를 넘나드는 토의회의를 끊임없이 열었다. 그가 변화시키고자 한 것은 정부와 공공기관의 역할로 관리자에서 촉진자에 이르기까지, 각종 사회공의와 도시의 지속적 발전에 중요한 정책을 촉진하고, 시민과 공동으로 서울의 미래를 설계하는 것이다.

홍콩의 정부청사는 외부사람의 출입을 금지하는 반면 서울시청은 곳곳에 벤치가 있어 시민들의 휴식공간이 되고, 주말에는 노점으로 활용되기도 한다. 시청 내 카페에서는 지역생산 제품과 공정무역 커피를 팔고, 인접한 구시가지 역사 건물은 도서관, 기록보관, 옥상정원으로 변신해 문을 연다. 지난 몇 년간 홍콩의 도시 정책은 침체 일로를 걸었다. 도시의 정책이 정체되고 공공 영역이 줄어들어, 서울에서 받았던 영감들을 어디에도 쓸 수 없어 무력감을 많이 느꼈다.

홍콩은 우버를 공격하고 에어비앤비를 고발하는데 반해 서울은 자동차 공유를 장려하는 스타트업 기업을 지원하며, 민박집 소방안전을 강화하여 더 많은 한옥이 민박으로 활용될 수 있도록 독특한 한국식 관광 체험을 구상하고 있다. 홍콩 청년들이 임대료 때문에 독립을 못하고 있을 때 서울의 청년정책에서는 청년을 위한 주거를 만들었고, 2016년부터 청년기본수당을 실험하고 있다.

박 시장은 빈 공간을 개조하는 데에도 뛰어난 능력이 있었다. 과거 질병관리본부가 있었던 공간은 현재 '서울혁신파크'가 되었다. 청년들이 커뮤니티를 이루며 창업을 모색하는 공간인 서울청년허브가 있으며, 또 서울시 사회적경제지원센터에서는 빈곤 문제 해결과 융합적인 사회문제 해결을 촉진하는 여러 가지 정책을 내놓았다.

이 '혁신파크'는 서울 시민사회의 중심이 됐지만 박 시장은 그것뿐만 아니라 어떻게 시민들이 정책에 대한 이해를 하고, 어떻게 해야 더 효율적으로 의사결정에 참여할 수 있는지에 주목했다. 그는 재무관리 예산 파악에 관심이 있는 시민들을 위해 워크샵을 개최했다. 작년부터 기초자치단체에 거주하는 이주민 커뮤니티에 로컬 랩Local Lab을 설립했고, 주민들의 참여를 요청하고, 지역활동가들이 먼저 그들의 일상생활과 어려움을 이해한 뒤 아이디어를 설계하는 방법으로 해결방안을 논의하도록 한다. 나도 이 로컬랩에 참여한 바 있었고 경험해보니 가장 인상적이었던 것은 바로 그 지역사회 활동가들의 몰입과 인내심 그리고 모든 사람에 대한 존중이었다.

홍콩과 서울을 서로 방문하며 교류를 다지고

2019년 초에 서울시청에서 전화가 왔는데 박 시장이 임정의 초청으로 홍콩을 방문할 예정인데 오후에 시간이 있어서 여기저기 좀 둘러보고 싶다고 했다. 시간이 충분치 못했고, 나는 박 시장께 홍콩의 최신 재생사업과 보존에 대해 더 잘 알리고 싶어 타이쿤 문화지구와 PMQ, 5층 지붕에 숨겨져 있는 완차 하이웨이 비밀정원에 모시고 갔다.(이것은 바로 시민을 위한 새로운 공공공간으로 조성된 곳이다. 박 시장이 어리둥절한 표정을 지었던 기억이 난다.)

그날 저녁 우리는 블루하우스에 있는 사회적기업에서 식사를 했고, 블루하우스 보존과정을 설명했다. '집에 사람이 계속 거주'할 수 있도록 했던 운동은 거의 10년에 걸쳐 이루어졌다는 이야기를 듣더니, 이렇게 풀뿌리에서 상향식으로 이뤄지는 일은 매우 어려운 일이라고 말씀하셨다.

2019년 11월 코로나19가 발발하기 전 마지막으로 나는 서울을 방문해 서울시가 주최하는 미래혁신포럼(과학기술에 대해서가 아니라 도시들을 공동체로 만드는 것)에 참여했다. 회의 후 그는 세계 각지에서 온 우리를 어느 섬으로 데려가고자 했다. 그는 그곳에서 보는 일몰이 가장 예쁘고 감동적인 서울체험이 될 것이라고 했다. 알고 보니 이것은 그의 최신 도시 프로젝트, 한강대교 내에

2013년 홍콩에서 박 시장과 함께 워크샵을 진행하던 모습.
마이크를 든 진행자가 필자

위치한 노들섬이었다. 이전에는 나무가 무성한 자연생태계였지만 서울시는 민간기관과 협력하여 숲과 자연 속에 레저문화기지를 건설하였으며, 라이브하우스, 소극장, 녹색경제, 아담한 서점 식당, 집에서 빚은 막걸리, 그리고 소규모 민간조직이 운영하는 공간 등 시민들이 쉬면서 즐길 수 있는 공간으로 만들었다. 그날 우리는 한강의 찬바람을 맞으며 밝은 해넘이를 보았다.

희망에서 절망에 이르다

박 시장의 오랜 신념은 시민이 공유정신을 발휘하여 지역사회 혁신을 실현하는 것이었다. 9년 동안 서울은 건물만 더 많은 것이 아니라 더 깊이 있는 시민참여, 마을 공동체 단위의 정책, 시민 중심, 열린 행정, 민관의 신뢰와 협업 관계를 맺어왔다. 이 몇 년간 홍콩은 서울의 시민사회와 상호 방문하고 배우며 서울에서 영감을 많이 받았다. 그는 시민을 위하여, 도시에 희망을 가져왔다. 그러나 그는 갑자기 절망하여 서둘러 그의 일생을 마쳤다.

사회혁신에 평생을 바친 박원순은 스스로 앞장서 길을 열고 시민이 변화의 중심에 서도록 만들었다. 오늘날 전 세계 강자정치의 환경에서는 사회혁신을 촉진할 수 있는 공간이 계속 위축

되고 있다. 원래 서울은 우리의 학습 대상인데 하룻밤 사이에 이끌어갈 수 있는 리더가 없어졌다.

다만 서울시청과 시민사회가 박 시장이 그동안 해온 인적 혁신 정책을 정리해 박 시장의 비전과 실천을 바탕으로 다른 지역 시민사회가 앞으로 나아갈 수 있도록 도와줄 것을 기대한다.

박원순을 기억하다

벗들의 기억으로 그려낸
인간 박원순 이야기

초판 1쇄 2022년 7월 1일 발행

ISBN 979-11-5706-262-1 (03300)

만든 사람들

편집	배소라 이병렬
디자인	올디자인
마케팅	김성현 김예린
인쇄	아트인

펴낸이	김현종
펴낸곳	(주)메디치미디어
경영지원	전선정 김유라
등록일	2008년 8월 20일 제300-2008-76호
주소	서울시 중구 중림로7길 4, 3층
전화	02-735-3308
팩스	02-735-3309
이메일	medici@medicimedia.co.kr
페이스북	facebook.com/medicimedia
인스타그램	@medicimedia
홈페이지	www.medicimedia.co.kr